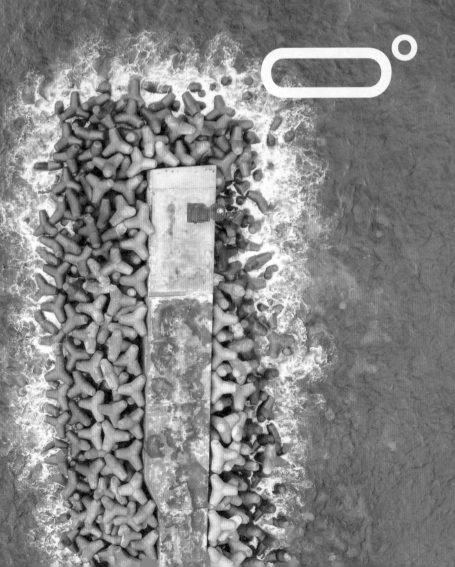

기후생각매거진 <제로제로>

기후변화가 기후위기가 된지 몇 년 되지 않아 기후붕괴라는 암담한 미래가 우리를 기다리고 있을 거라는 공포감에
휩싸였다. 전 세계 기후 학자들은 기온이 얼마나 더 많이, 더 빠르게 오를지 알아내려고 연구하고 있지만 복잡하고
다양한 요인의 지구계를 예측하기란 매우 어렵다. 과열된 지구를 식히는 일은 결코 쉬워 보이지 않는다.
그렇다고 공포감으로 일상을 보내고 있을 수는 없는 일. 삶을 긍정적으로 살고, 친환경적인 생활을 추구할 수
있는 삶의 방식을 찾고자 한다. 책임의식을 갖고, 과한 소비를 줄이고 친환경적인 삶도 즐거울 수 있다는 걸 몸소
실천하고 보여주면 된다. 기후 전문가들은 지속적인 삶을 위해 필요한 것은 '적응하는 마음(adaptive mind)'
이라고 한다. 적응이란 스트레스 많은 변화에 민첩성, 창의성, 결단력, 회복력을 갖고 대응하게 해주는 성향, 기량을
말하는데 우리 모두에게 필요한 것일 수도 있다. 어느덧 자신도 모르는 사이에 우린 생활 습관과 의식이 변했음을
인식한다. 텀블러 없이 일회용 잔에 음료를 사야 할 때, 불가피하게 배달 음식을 주문했을 때 끝도 없이 나오는
일회용 플라스틱 식기에 불편함을 느끼고, 지나가다 만나는 쓰레기 더미에 미간이 구겨진다. 바뀐 의식의 흐름
다음엔 행동이 따른다. 고기와 유제품은 덜 먹고, 아이스크림은 컵보다 콘으로 먹고, 샤워는 5분 안에 끝내고,
플러그는 뽑아두고, 고지서는 온라인으로 받고, 재사용이 가능한 제품을 사고, 늘 에코백을 들거나 넣고 다닌다.
우리는 이렇게 변했다. 의식하지 않아도 우린 이렇게 행동한다. 친환경 행동을 한다. 제로제로가 행동 속 의식을
더욱 친환경적으로 살찌우기 위해 함께하고자 한다.

편집인 선유정

contents

ECOSYSTEM

우리에게는 숲이 필요해

우리나라 면적의 2.4배인 2,400ha이상을 태우며 '오존 구멍'을 낸 2020년 호주 여름 산불은 물론, 미국 뉴욕을 포함한 미국의 동부 하늘을 짙은 오렌지색으로 물들인 캐나다 퀘벡주의 산불, 그리고 최근에 일어난 하와이주 마우이섬 산불에 이르기까지 최근 몇 년 전부터 세계는 대형 산불로 몸살을 앓고 있습니다. 산불은 심각한 기후재난이며 전 세계적으로 연속, 대형화하는 양상으로 보입니다. 전문가들은 이들 산불의 주요 원인 중 하나로 기후변화(지속된 고온건조한 날씨)를 꼽고 있으며 이들 산불은 다시 기후변화를 일으키는 악순환의 연결고리가 형성되고 있다고 말합니다. 지금이야말로 이 고리를 끊는 것이 무엇보다 중요한 시점입니다. 그래서 미국은 지난 1월에 '산불 숲 가꾸기 관련 10년 전략'을 발표했습니다. 또 유엔환경계획(UNEP)은 지난해 산불보고서를 통해 산불의 위협을 줄이기 위해 숲 가꾸기 등의 중요성을 이야기했습니다. 숲 가꾸기를 통해 인간이 통제 가능한 연료를 관리하고 건강한 숲을 만드는 것이 산불 예방과 관리의 핵심이라는 것입니다. 그럼 숲이 망가지지 않고 변함없이 공존해야 하는 이유는 뭘까요? 숲은 기후변화를 늦추고 폭우의 피해를 막아주며 미세먼지를 흡수하는 등 '은혜로운' 역할을 하기 때문입니다. 산림청에 따르면, 숲은 1ha당 연간 미세먼지 46kg을 포함해 대기오염 물질 168kg을 흡수하고 있습니다. 이를 경제적 가치로 환산하면 6조 1,000억 원에 해당합니다. 이뿐만 아니라 숲은 이런 환경적·경제적 효과를 비롯해서 심리적 안정과 스트레스 감소의 정서적 효과도 줍니다. 나무가 내뿜는 피톤치드뿐 아니라 숲의 소리와 냄새, 나무를 통해 비추는 간접광, 심지어 숲속 미생물도 행복감을 주는 세로토닌을 생성한다는 연구 결과도 있습니다. 우리에게 숲이 필요한 이유입니다.

생물 다양성에 대한 관심, 네이처 포지티브(Nature-positive)

네이처 포지티브란 탄소중립(Net Zero)에 이어 최근 환경 분야의 주요 주제로 다뤄지기 시작한 개념입니다. 생물 다양성에 대한 국제적 관심이 커지고 있는 가운데 지난해 10월 세계자연기금(WWF)은 2년마다 내놓는 '지구생명 보고서'를 통해 1970년에서 2018년 사이 전 세계 생물 개체군의 69%가 사라졌다고 발표했습니다. 그 나머지는 어떻게 지킬 것인가? 네이처 포지티브는 자연의 손실을 멈추고 생물 다양성 감소 추세를 회복의 길로 전환하기 위해 지구와 사회의 회복력을 강화하려는 움직임을 의미한다.

동해에 등장한 파란선문어

최근 국립수산과학원 연구팀이 국제학술지 《독소》에 발표한 논문에 따르면 열대 지방 해역에 서식하면서 강한 독을 가진 것으로 알려진 '파란선문어'가 지난 2012년 제주 지역에서 처음 발견된 이래 2021년까지 총 26차례 우리나라 바다에서 발견된 것으로 확인됐다. 지구온난화로 열대 생물인 파란선문어가 점점 북상하면서 우리나라 전남 여수부터 부산 기장까지 넓은 지역에서 발견되고 있고, 최근에는 동해 울산 연안에서도 자주 보이고 있다. 동해안으로 확장하고 있는 것이다. 파란선문어는 학계에 알려진 파란고리문어 속의 4종 중 하나로, 몸집이 비교적 작고 등과 팔에 무지갯빛의 파란색 표시가 있고, 매우 강한 신경 독소인 테트로도톡신(TTX)을 지니고 있다. 테트로도톡신은 청산가리의 10배에 해당하는 강한 독성을 지닌 것으로 알려졌다.

미국 최초로 모피 판매 금지한 캘리포니아

미국 캘리포니아주가 미국 50개 주 가운데 최초로 모피 판매를 금지했다. 캘리포니아주의 모피금지법은 올 1월부터 시행됐으며 모피로 만든 의류, 신발, 핸드백 등을 판매하거나 만드는 것을 금지하고 있다. 다만 해당 법령은 새로운 모피 판매에만 적용되며, 중고품 판매점을 통한 중고 모피 판매는 해당하지 않는다. 또 가죽이나 양털과 같은 동물성 제품의 거래도 해당 법령 적용 대상에서 제외된다. 이에 따라 미국 내 일부 백화점은 모피 판매를 중단한 것으로 알려졌다.

GENERATION

지구를 위한 우리의 행동은 힙(HIP)하다

온난화, 해수면 상승, 폭염, 혹한, 미세먼지 등 파괴된 환경 속에서 유년기를 보낸 MZ세대들이 최근 자신들의 정체성과 다름없는 '힙'을 붙여 '힙환경'이란 말을 만들어내 이 말이 그들 사이에서 빠르게 퍼져 나가고 있습니다. 지구를 깨끗이 물려받아야 할 이유도 있겠지만 무엇보다 개인의 영역에서 가치와 경험, 효능을 중시하고 공평성, 착한 소비 등을 지향하는 이들의 가치관이 환경에 대한 문제의식과 결을 같이하면서 '힙'한 문화를 만든 거죠.

환경을 생각하며 실천하는 행동이 그들에게는 '앞서 나가는', '세련된', '감각 있는' 행동으로 여겨지는 것도 이런 이유입니다. 일회용품을 줄이고, 가까운 거리는 자전거를 이용하고 분식집에 들어가 포장 주문할 때 가게에서 주는 용기가 아닌 집에 있는 반찬통을 들고 가 해당 그릇에 포장을 해오거나 카페에서 텀블러에 커피를 받는 일명 '용기내 챌린지'에 많은 MZ세대들이 참여하는 것도 '힙환경' 중 하나입니다. '의식 있는'이라는 뜻의 '컨셔스(conscious)'와 패션(fashion)'의 합성어로 소재부터 제조 공정, 운송, 보관에 이르기까지 윤리적이고 친환경적인 과정에서 생산된 의류에 관심을 가지는 것은 물론, 멋을 아는 사람은 먹는 것도 대충 먹지 않고 '지식(食)' 합니다. '지식(食)하기'란 한마디로 '지속 가능한 식생활'을 말하는 것으로, 친환경 식품 구매, 음식물 쓰레기 줄이기, 근거리 농수산물 소비, 육류 섭취를 줄이는 겁니다. 단순한 다이어트가 아니라 채식에 관심을 가지는 것도 이런 이유에서죠. 이처럼 '의미 있는 행동'을 멋짐의 기준을 삼는 MZ세대들의 적극적인 움직임은 기성세대들의 공감과 함께 업계의 변화를 불러오고, 환경의 변화를 불러오고 있습니다. 희망보다는 행동이 필요한 지금, 이들이 이끄는 '힙환경'에 동참할 일만 남았습니다.

방치할 수 없는 '기후우울' MZ세대가 더 아팠다

기후우울증(Climate depression)은 한마디로 기후위기 상황을 보며 불안이나 우울, 만성적인 스트레스를 느끼거나 아무리 외쳐도 달라지지 않는 사회를 보며 무력감을 느끼는 경우를 말한다. 기후변화로 인한 정신건강 문제가 가장 우려되는 것은 바로 미래세대다. 태어날 때부터 기후에 대한 불안을 인지한 채 성장했고 또 기후변화로 인한 영향을 기성세대보다 훨씬 많이 받고 있기 때문이다. 미국심리학회가 2019년 진행한 설문조사를 보면, 미국 성인의 68%가 기후변화로 인한 불안을 느꼈고, 18~34살 성인 47%는 기후변화로 인한 스트레스가 일상생활에 영향을 미친다고 답했다.

사느냐(buy) 혹은 사느냐(live), 디컨슈머(De-consumer)

유엔 국제자원 전문가위원회는 '기후변화와 생물종 등 환경문제의 중심에 소비가 있었고, 소비의 증가는 인구문제보다 더 심각한 문제를 일으킨다고 밝혔다. 최근 제임스 매키넌 브리티시컬럼비아대 신문방송학과 교수는 이 같은 현상을 '디컨슈머(De-consumer)'라는 개념으로 설명했다. 디컨슈머는 소비 집착에서 벗어나 간소함을 추구하고 내재적 가치에 집중하는 삶의 방식으로 기존 소비문화의 빈자리를 채우는 사람을 뜻한다.

리세일 열풍과 가치소비

온라인 플랫폼을 활용한 중고물품 거래, 이른바 '리세일(Resale)'이 유통의 한 축으로 자리매김하고 있다. 미국 최대 중고의류 거래 업체 스레드업(ThredUp)의 2023년 보고서에 따르면, 전 세계 리세일 시장은 올해 2,000억 달러 (약 257조 원) 규모에서 2027년에는 두 배 가까이 증가해 3,500억 달러(약 109조 원)에 이를 것이라는 분석이다. 국내에서도 콜렉티브(Collectiv), 크림(KREAM), 당근마켓이 주요 리세일 플랫폼으로 자리매김하고 있다. 가파른 성장세를 자랑하는 리세일 시장을 견인하는 것은 MZ세대의 가치소비 문화다. 실제 대학내일 20대연구소의 《2021 MZ세대 친환경실천 및 소비 트렌드 보고서》에 따르면, MZ세대 소비자의 71%는 "가격과 조건이 같을 시 친환경 기업을 선호한다"고 응답했다.

CLIMATE

환경보호를 위해 금연

담배가 지구까지 위협하고 있다는 사실을 아는 사람은 몇이나 될까요? 담배는 재배, 제조, 유통, 사용, 폐기에 이르기까지 모든 과정에서 오염과 자원 소모를 일으키는 물질입니다. 특히 담배는 전 세계 플라스틱 폐기물의 주범입니다. 세계보건기구(WHO)도 올해 5월 31일 금연의 날을 맞아 주제를 '담배: 환경에 대한 위협'으로 정하고 담배가 환경에 미치는 악영향을 경고했어요. WHO에 따르면 전 세계에서 한 해 동안 담배를 만들기 위해 벌목되는 나무는 6억 그루에 이른다고 합니다. 담배 농사를 위해 나무를 베고, 또 담뱃잎을 말리기 위해 나무를 태우기 때문입니다. 그뿐만 아니라 담배를 만들기 위해 매년 220억 L의 많은 물을 사용합니다.

흡연자들이 내뿜는 담배 연기도 환경오염의 원인이 되는데, 담배 연기로 방출되는 이산화탄소는 연간 8,400만 톤에 이릅니다. 어디 그것뿐인가요? 피우고 난 후 버려지는 담배꽁초는 더 큰 문제를 일으킵니다. 담배꽁초가 플라스틱으로 만들어졌다는 사실, 알고 계셨나요? 하얀 솜처럼 보이는, 입에 닿는 부분인 필터 때문인데요, 전 세계에서 소비되는 담배의 약 90% 정도에 플라스틱의 일종인 '셀룰로스 아세테이트(Cellulose Acetate)'로 만든 필터가 사용됩니다. 이 물질은 자연에서 약 10년이 넘는 기간 동안 분해되면서 바다로 흘러 들어가 미세플라스틱을 발생시킵니다. 문제는 담배꽁초가 전체 해양쓰레기 중 3분의 1을 차지할 정도로 바다로 많이 흘러가고 있다는 사실입니다. 이걸로 끝이 아닙니다. 그 미세플라스틱을 물고기가 먹게 되고, 그렇게 오염된 물고기는 다시 우리의 식탁까지 올라오게 됩니다. 인간이 만든 담배 성분이 결국 인간 자신을 해치고 있는 것입니다.

해마다 빨라지는 개화 시기, 기후변화 탓?

올해 서울의 벚꽃은 3월 25일 개화했다. 작년보다 10일 빠르고, 평년보다 14일 빨랐다. 문제는 앞당겨진 봄꽃 개화 시기 변동은 생태계 전반에 영향을 미친다는 점이다. 그리고 그 영향은 이미 시작됐다. 꿀벌의 감소가 대표적이다. 식량 공급과 먹이사슬에 필수인 꿀벌이 때 이른 꽃들의 개화에 적응하지 못하고 폐사하고 있기 때문이다. 이른 봄꽃을 보고 즐거워하며 찍은 사진이 SNS에 넘쳐나는 요즘, 마냥 즐거워할 일은 아닌 이유다.

'이상기후 종합판'이었던 2022년 한반도, 지금도 진행 중

기상청은 3월 30일 '2022년 이상기후 보고서'를 통해 지난해 남부지방에 유례없는 긴 가뭄이 이어지고 중부지방에는 기습적 집중호우가 내리는 등 이상기후 현상이 동시다발적으로 나타났다고 분석했다. 남부지방은 12월까지 기상가뭄이 이어지며 1974년 관측 이래 가장 오랜 227.3일의 기상가뭄 일수를 기록했고 8월 중부지방에는 장마가 끝난 이후에도 시간당 100mm가 넘는 강한 비가 쏟아지며 인명과 재산피해가 속출하기도 했다. 한마디로 2022년은 우리나라도 기후변화를 넘어 기후위기 상황에 직면했고 그것을 깨닫게 된 한 해였다. 문제는 2023년 현재도 폭우와 가뭄, 태풍이 여전히 진행 중이라는 것이다.

기후변화, 바다 색깔도 바꿨다

기후변화로 최근 20년 사이에 지구의 바다 색깔이 크게 변화했다는 연구 결과가 나왔다. 영국 국립해양센터(NOC)와 미국 매사추세츠공과대학(MIT) 연구팀이 지난 7월 국제 학술지 《네이처》에 발표한 논문에 따르면, 전 세계 바다의 56%에서 자연적인 변화로는 설명할 수 없는 수준의 색깔 변화가 확인됐다. 연구팀에 따르면 짙푸른 바다색은 시간이 흐를수록 점차 녹색으로 변하고 있으며, 이 같은 현상은 적도 부근의 열대 해양지역에서 더 두드러졌다. 이런 변화가 생태계의 불균형을 초래하고 있으며 바다가 계속 가열된다면 불균형은 더욱 악화할 것이라는 게 전문가들의 의견이다.

PLASTIC

지구를 살리기 위해 반납

변화란 생각과 고민을 함께 나누고 목소리를 내면서 시작됩니다. 쓰레기를 줄이려는 사람들의 목소리와 지속 가능한 경영을 위한 기업들의 노력이 만나 '탈플라스틱'에 가속도가 붙고 있습니다. 그 시작은 소비자 모임 '쓰담쓰담' 프로젝트를 통해 우유에 붙은 빨대를 보고 문제 의식을 느낀 소비자의 편지 한 통에서 시작됐습니다. '마시는 요구르트 엔요에 플라스틱 빨대가 부착돼 있는데 없앨 수는 없나요? 환경에 좋지 않을 것 같습니다.' 이 편지에는 그동안 마신 엔요의 빨대 뭉치도 들어 있었습니다. 그리고 기업이 화답했습니다. 3개월 뒤 매일유업은 매출이 줄더라도, 친환경에 대한 의지를 지속할 거라며 '엔요 100' 제품에 일회용 빨대를 빼고 판매하기 시작한 거죠. 이는 라벨 없는 생수병, 용기 업사이클링, 자연분해되는 포장재 개발 등 플라스틱을 줄이기 위한 노력으로 지금까지 이어지고 있습니다.

편리한 소비보다 '의미 있는 소비'에 관심을 두는 소비자들의 적극적인 움직임은 업계에 변화를 불러왔고, 더 나아가 환경의 변화를 불러온 겁니다. 이제 우리는 소비자들의 인식과 감수성의 변화가 시스템의 변화를 만들어낼 수 있다는 걸 압니다. 그래서 2023년은 더 큰 행동과 실천이 필요한 때입니다. 참고로 세계자연기금(WWF) 한국본부가 지난해 발간한 《임팩트 보고서(imPACT Report)》에 따르면, 기업 공동의 플라스틱 감축 이니셔티브에 참여한 국내 9개 기업이 2021년 1년 동안 5,120여 톤의 플라스틱을 감축했다고 했습니다. 이는 일회용 컵 약 440만 개, 비닐봉지 약 200만 개, 플라스틱병 약 1,465만 개 등 모두 12억 개에 달하는 플라스틱 일회용품을 줄인 것과 같습니다.

참고 자료 www.newspenguin.com

화려한 폭죽 불꽃에 가려진 미세플라스틱 오염

무더운 여름, 많은 사람이 찾는 바닷가는 쓰레기로 몸살을 앓는다. 그중 눈여겨봐야 할 것이 바로 폭죽. 소음과 매캐한 연기는 물론 심각한 미세플라스틱 문제를 일으키기 때문이다. 한 발의 폭죽이 하늘로 날아갈 때마다 하나의 작은 플라스틱 쓰레기를 바다에 버리고 있는 셈이다. 해양환경공단의 해변 쓰레기 모니터링 결과에 따르면 2021년 현재 해변 100m당 폭죽 탄피가 5.6개 발견되면서 4년 사이 두 배 이상 증가했다. 참고로 폭죽은 엄연히 법으로 금지되어 있다.

올해 최초로 도입한 '플라스틱 초과 사용의 날'

스위스 환경단체 '환경행동(Environmental Action)'은 '2023 플라스틱 초과 사용의 날 보고서(2023 Plastic Overshoot Day report)'를 발간하고 전 세계 플라스틱 위협에 대한 인식을 높이기 위해 7월 28일을 '플라스틱 초과 사용의 날'로 정한다고 밝혔다. '플라스틱 초과 사용의 날'(Plastic Overshoot Day)이란 '지구 생태용량 초과의 날'(Earth Overshoot Day)과 비슷한 개념으로 플라스틱 폐기물에 초점을 맞춰 인류가 1년에 사용하고 처리할 수 있는 플라스틱 사용량을 넘어선 날을 말한다. 발표된 보고서에 따르면 전 세계 플라스틱 폐기물의 43%는 제대로 관리되지 않고 있으며, 올해 잘못 관리돼 결국 자연에 남겨질 총 예상 폐기물은 6,860만 톤 이상에 달한다.

플라스틱, 지질계를 바꾸다

인류가 점령하고 있는 지구의 현재를 지질시대로 구분하자면 신생대 제4기 홀로세(Holocene, 또는 현세라고도 한다)에 해당한다. 각 지질시대별로 특징적인 퇴적물이 있는데, 현세를 살고 있는 인류는 어마어마한 양의 플라스틱 퇴적층을 남기게 될 거란 예측이다. 앞서 2014년 캐나다 웨스턴대 연구진이 발견한 '플라스틱암석'은 녹아내린 플라스틱과 암석·모래 등이 엉켜 만들어진 것으로, '플라스티글로머리트'라는 이름을 얻은 바 있다.

TECHNOLOGY

인공지능 챗지피티(ChatGPT)의 어두운 그림자

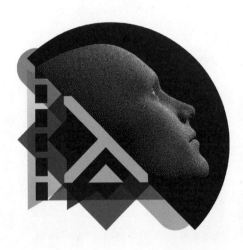

오픈 AI가 개발한 대화 전문 인공지능(AI) 챗지피티(ChatGPT)를 시작으로 특정한 요구에 맞춰 결과를 생성하는 이른바 '생성형(Generative) AI'가 앞다퉈 출시되고 있습니다. 이용자 입장에서는 더 나은 결과를 더 빨리 얻을 수 있다는 점에서 반가운 일이 아닐 수 없죠. 하지만, 이러한 경쟁 속에 우리가 간과한 것이 있습니다. 바로 에너지 소비와 온실가스 배출입니다. 이들 AI 알고리즘을 훈련하는 과정과 실제 이용자들이 이용하는 과정에서 엄청난 에너지를 소비하기 때문입니다. 에너지 소비는 곧 온실가스인 탄소 배출로 이어집니다. 미국 《MIT 테크놀러지 리뷰》(지난해 11월 14일)는 이 문제를 "AI 뒤에 감춰진 '더러운 비밀(Dirty Secret)'"이라고 지적하기도 했습니다. 최근 발표된 스탠퍼드대 인공지능 인덱스 보고서에 따르면, 요즘 선풍적인 인기를 끌고 있는 챗지피티(ChatGPT)의 기반인 거대언어모델(LLM) '지피티 3'는 훈련 과정에서 1,287MWh의 전기를 소비하고 550톤의 이산화탄소를 배출했습니다. 이는 세계인이 100년간 배출하는 양에 해당하는 것으로, 2020년 기준 한국인 1인당 탄소 배출량(11.6톤)의 43배에 이릅니다. 편리한 인공지능 이면에 있는 불편한 진실인 셈입니다. 그런데 인공지능 훈련에는 에너지뿐 아니라 물 소비량도 상당한 것으로 드러났습니다. 컴퓨터가 작동하면서 발생하는 열을 식히는 데 많은 양의 물이 필요하기 때문입니다. 미국 리버사이드 콜로라도대와 앨링턴 텍사스대 연구진은 '챗지피티(GPT)'와 한 번 대화를 하는 데 물 500ml가 소비된다는 계산 결과를 사전출판논문 저장소 <아카이브>에 발표했습니다. 이는 한 번 대화에서 질문과 답변을 25~50개 주고받는 걸 기준으로 한 계산입니다.

참고 자료 www.hani.co.kr/arti/science/technology/1090180.html

지구를 구하는 기술, 기후 딥테크(Climate Deep-tech)

딥테크(Deep-tech)란 특정 부문을 깊게 파고드는 독보적인 첨단 기술이다. 코로나19 백신으로 잘 알려진 모더나나, 전기 자동차 시장을 사실상 만들어낸 '테슬라', 대체육을 만드는 '비욘드미트', 미생물로 비료를 개발한 '인디고 애그리컬처', 탄소 회계 소프트웨어 기업인 '워터쉐드(Watershed)' 역시, 한때는 딥테크 스타트업이었다. 지속가능성 향상과 동시에 수익 증대를 꾀하며 기후테크를 대표하는 유니콘 기업으로 성장한 것이다. 2023년은 기후변화로 인한 세계 여러 나라의 움직임이 과감해지고 비즈니스 및 스타트업도 그 어느 해보다 빠르게 움직일 전망이다.

탄소감축 해법, 기후테크가 이끈다

기후테크는 기후(Climate)와 기술(Technology)의 합성어로, 수익을 창출하면서 탄소배출 감축과 기후적응에 기여하는 모든 혁신 기술을 의미한다. 기후테크는 크게 5개 분야로 구분된다. 재생·대체 에너지 생산 및 분산화 솔루션을 제공하는 '클린테크 (Clean Tech)', 공기 중 탄소포집·저장 및 탄소 감축기술을 개발하는 '카본테크(Carbon Tech)', 자원순환·저탄소원료 및 친환경제품 개발에 초점을 둔 '에코테크(Eco Tech)', 식품 생산·소비 및 작물 재배 과정 중 탄소 감축을 추진하는 '푸드테크(Food Tech)', 탄소관측·모니터링 및 기상정보를 활용해 사업화하는 '지오테크(Geo Tech)'가 그것이다.

외식업계에 스며든 푸드테크

푸드테크란 식품(Food)과 기술(Technology)을 합친 용어로, 유통, 외식, 제조, 농업 등 식품·농림축수산업 등에 정보통신기술(ICT), 인공지능(AI), 사물인터넷(IoT), 빅데이터, 로봇, 식품공학 등을 접목한 기술이다. 푸드테크는 지구적 기후변화에 따른 식량안보 위기를 극복하기 위한 대안으로 부상하고 있다. 이에 정부는 2027년까지 푸드테크 유니콘 기업(기업가치 1조 원 이상 비상장 기업) 30개를 육성하고 수출 20억 달러를 달성한다는 목표를 세운 바 있다. 1,000억 원 규모 펀드를 조성해 민간 투자로 이끌 계획이다.

EATING

육식을 멈추면 지구를 살릴 수 있을까?

환경을 위한 작은 변화가 당연해지는 시대, 우리가 먹는 음식이 어디서 왔는지 생각해보는 습관이 필요합니다. 78억 인구가 식습관을 조금만 바꿔도 지구 생태계는 웃을 수 있기 때문입니다. 역사상 유례없이 풍부한 육식을 즐기는 지금, 우리는 지구를 위해 어떤 책임을 갖고 살아야 할까요?

전 세계적으로 육류 생산을 통해 발생하는 온실가스는 대중교통 전체에서 발생하는 양보다 많고, 이 시각에도 열대우림은 공장식 축산업으로 파괴되고 있습니다. 가축의 분뇨와 항생제 처방 과정에서 나오는 수질 및 토양은 지하수를 오염시키고 인근 바다로 흘러 들어가 바다 생물들의 생명을 위협하고 있습니다. 그뿐인가요? 매년 수십억 마리의 야생동물이 희생되는 것은 물론 가축을 키우기 위해 열대우림을 파괴할 때마다 다양한 식물과 곤충, 파충류, 포유동물이 사라집니다. 2001년부터 2016년까지 아마존에서 사라진 산림만 무려 197만 4,209헥타르. 아마존이 파괴되면서 빗물을 지하수로 가두는 기능도 떨어졌습니다. 지나친 공장식 축산은 숲을 없애고 먹거리 생활에 악영향을 끼치는 것을 넘어 가뭄과 사막화까지 일으키고 있습니다. 육식 문화는 지구의 생물 다양성을 해치는 큰 원인 중의 하나이죠. 또한 축산업을 위한 산림 및 야생 지역의 파괴는 새로운 전염병 출현의 가장 큰 원인이기도 합니다. 코로나19도 마찬가지였죠. 왜 우리가 육식을 멈춰야 하는지, 왜 비거니즘이 곧 환경보호인지 그 이유가 모두 여기에 있습니다. 인간이 행해온 동물과 환경, 우리 몸에 대한 학대의 이유와 여태껏 이어지는 문제들은 무엇인지, 우리가 하루 한 끼라도 채식을 하는 것이 지구와 어떠한 연결을 지니는지, 이제는 적극적으로 의문을 가지고 행동할 때입니다.

버릴까, 되살릴까? 업사이클링 푸드(Upcycling Food)

아몬드밀크나 오트밀크 같은 대체우유를 만드는 과정에서 생기는 부산물을 버리지 않고 제빵 과정의 반죽에 필요한 베이킹 믹스나 쿠키로 재활용하거나 '못난이' 농산물 같이 상품 가치가 낮은 제품을 별도로 팔거나 이를 재가공해 새로운 상품으로 바꾸는 '업사이클링 푸드(Upcycling Food)'가 주목받고 있다. 2021년에는 글로벌 환경단체 '업사이클 푸드 연합(Upcycled Food Association)'이 세계 최초로 업사이클링 푸드 인증 마크를 선보이기도.

인류의 식량을 위협하는 곰팡이의 습격

농작물에 질병을 일으키는 곰팡이가 기후변화 영향으로 빠르게 확산해 세계 식량 공급까지 위협할 수 있다는 과학자들의 경고가 나왔다. 세라거 영국 엑스터대 교수와 에바 스터켄브로크 독일 키엘대 교수는 지난 5월 과학저널 《네이처》에 게재한 논문에서 이렇게 경고하며, 농작물의 곰팡이 질병 피해를 줄이기 위한 농업계와 학계, 정부의 노력을 촉구했다. 문제는 지구온난화가 심각해질수록 곰팡이 질병에 의한 농작물 피해 규모는 더욱 커질 것이다. 온도 상승이 곰팡이가 저위도 지역에서 고위도 지역으로 확산하는 것을 도와주고 있기 때문이다. 열대 지방에서 발생하던 밀 줄기 녹병이 영국이나 아일랜드에서도 발견되는 것이 그 예이다. 이들의 연구 결과를 보면 실제 곰팡이는 1990년대 이후 매년 약 7km씩 극지방으로 이동하고 있다.

기후위기로 맛보기 어려워질 음식들

유엔식량농업기구(UNFAO)는 2055년까지 인간에게 중요한 식량 자원의 야생 종자 22%가 멸종한다고 밝혔다. 그린피스도 지난해 2월 발간한 《기후위기 식량 보고서: 사라지는 것들》에서 지구의 평균 온도 상승을 억제하지 못하면 기후위기로 2100년까지 꿀과 사과, 커피, 감자, 쌀, 고추, 조개, 콩 등 8가지 농작물 생산이 어려워진다고 했다. 지금은 슈퍼마켓, 편의점, 마트 등에서 흔히 구매할 수 있는 일상 식품이 기후위기로 인해 하나둘 사라지고 있다.

environment message

©shutterstock

기후미식

지금이야말로 우리가 먹는 음식이 어디서부터 시작됐는지 또 어떻게 먹어야 하는지 생각해보는 습관이 필요한 때다. 각자가 식습관을 조금만 바꿔도 우리의 건강은 물론 지구 생태계가 웃을 수 있기 때문이다. 수많은 가공식품과 정크 푸드는 물론 역사상 유례없이 풍부한 육식을 즐기는 지금, 우리는 지구를 위해 어떤 식습관을 가지고 살아야 할까? 그 해답을 건강한 채식에서 찾아본다.

글 이외철. 참고 도서 기후미식 | 위즈덤하우스

오늘 한 끼가 우리의 미래를 바꾼다

지난 2019년 독일 프랑크푸르트 시내 곳곳에 펄럭이던 기후미식 주간(Klimagourmet Woche)
깃발이 지금도 생생하다. 당시 '기후'와 '미식'이라는 단어의 조합이 너무나 신선하고 인상 깊었기
때문이다. 그리고 한국에 돌아와 '세계는 기후미식 시대'라는 제목의 컬럼을 신문에 기고하며
한국에 최초로 '기후미식'이라는 단어를 소개하게 되었다.
'기후미식'은 온실가스 배출을 최소화하면서 즐길 수 있는 음식, 지속 가능한 생태계를 염두에
둔 음식을 준비하고 접대하는 행동, 더 나아가 소비하고, 선택하는 행위를 말한다. 지구의 모든
생명체, 현재와 미래의 모든 인류에 대한 책임감 있는 음식 선택과 소비를 의미한다. 만약 우리가
음식과 관련해 '기후미식'이라는 최고의 선택을 한다면, 인구가 증가하더라도 얼마든지 농경지를
획기적으로 줄이면서 건강 위기와 식량위기 모두에 슬기롭게 대처할 수 있을 것이다. 가뭄과 산불,
폭우와 홍수, 해수면 상승과 침수 등 변함없이 체감 중인 지구온난화 현상의 해결에는 먹거리 문화와
생산 시스템의 변화가 필연적이며 무엇보다 시급한 문제이기 때문이다.
다행히 건강과 환경, 동물 복지 등에 대한 관심이 증가하면서 채식 선호 경향이 강해지고 있는 것은
더없이 반가운 일이 아닐 수 없다. 문제는 잘못된 영양학의 '채식버전'에 빠져 있는 경우가 많다는
것이다. 고기 대신 콩고기를 먹고, 식물성 지방과 설탕이 주성분인 채식 아이스크림을 먹으며 '웰빙
아이스크림'을 먹고 있다고 착각을 한다. 탄수화물 때문에 살이 찔 수 있으니 밥을 줄이고 견과류
섭취를 늘리기도 한다. 심지어 포화지방 함량이 높은 코코넛오일이 마치 만병통치약이라도 되는
양 챙겨 먹거나 입안에 머금고 있기도 한다. 하지만 이런 오류투성이 기존 영양학의 '채식버전'은
환경에는 도움이 될 수 있지만, 건강에는 큰 도움이 되지 못할 수 있다. 오히려 여러 건강 문제가
생기기 쉽다. 인간이 행해온 동물과 환경, 우리 몸에 대한 학대의 이유와 여태껏 이어지는 문제들은
무엇인지, 우리의 건강한 식단이 지구와 어떠한 연결을 지니는지. 이제는 적극적으로 의문을 가지고
행동해야 하지 않을까?

기후위기가 가져올 미래의 식량위기

이제 지구촌 어디에서도 극심한 가뭄과 산불, 폭우와 홍수, 해수면 상승과 침수에서 자유로운 지역은 없다. 인류의 건강 또한 마찬가지. 이미 인류는 기후변화를 주도하는 화석연료 연소로 인한 대기오염으로 매년 700만 이상이 조기 사망하고 있기 때문이다. 분당 13명에 달하는 수치다.

여기에 더해, 날씨와 기후변화는 식중독, 수인성 질병, 매개체 전파 질병을 증가시킨다. 세계보건기구는 현재의 추세가 지속할 경우, 기후위기로 인해 2030년부터 2050년까지 매년 25만 명이 추가로 사망할 것이라고 발표했다. 또한 건강과 관련된 직접적인 치료 비용만 2030년까지 매년 20~40억 달러(약 2~5조 원 이상)가 추가로 발생할 것으로 예측했다.

기후변화에 따른 먹거리의 위기는 또 어떠한가? 세계보건기구(WHO)와 식량농업기구, 유엔아동기금 등 국제기구들이 공동으로 발표한《2021년 세계 식량안보 및 영양 현황》보고서에 따르면, 2020년 기아에 직면한 사람은 2019년 대비 1억 1,800만 명 급증했다. 기아까지는 아니지만, 영양 결핍 상태인 사람들도 마찬가지로 증가했다. 분쟁과 경기침체의 이유도 있겠지만 최근에는 기후위기도 그 원인으로 여겨지고 있다. 극단적 날씨로 식량 체계가 혼란스러워지면서 식량 불안정이 가속화하고 이에 따른 식량 가격의 폭등과 식량위기가 기아, 영양실조로 이어질 수밖에 없기 때문이다. 결국 기후 관련 재난이 식량가치사슬 전반에 걸쳐 심각한 영향을 미치고 있는 것이다. 더 무서운 것은 기후위기로 인한 이들 식량위기가 현재진행형이라는 사실이다.

이처럼 기후변화는 건강은 물론 먹거리 위기를 포함해 우리가 살고 있는 터전을 바꾼다. 기온이 오르면서 우리 곁의 동식물도 서서히 바뀌어 가기 때문이다. 즉 먹거리가 바뀌기 시작한다. 먹거리가 바뀌면 각 개인의 건강 상태와 생활 습관, 나아가 사회 분야까지 점진적으로 변화한다. 기후변화로 인한 먹거리 변화와 그 결과를 극단적으로 보여주는 예가 바로 이누이트다. 우리가 에스키모라고 부르는 이누이트족은 기후변화에 제대로 적응하지 못했다. 만년설이 덮여 있고 오래된 얼음이 가득하던 땅이 녹기 시작하자 주식인 사냥감의 이동 경로가 바뀌었다. 이누이트족은 선조 때부터 이어온 삶을 더 이상 지속하기 어려웠고, 점차 문명을 받아들이면서 부족의 존속이 불투명해졌다. 당뇨와 비만, 알코올 중독, 심각한 충치 등 질병에 걸리는 사람이 많아지고 자살률도 치솟았다. 우리가 기후변화를 북극곰을 포함한 야생의 위기로만 인식하는 동안 인류 자신, 인류의 일부 또한 겪고 있는 위기를 제대로 보지 못하고 있는 것은 아닌지 되돌아볼 필요가 있다. 지금 당장 내 주변이 크게 달라지고 있지 않다고 해서 기후변화가 일으킬 '변화'를 단순하게 생각해서는 안 된다. 우리 식탁 위에 오르는 먹거리는 물론 인류의 생존 자체를 위협할 수도 있기 때문이다.

전기차보다 식단을 바꾸는 게 먼저

인간 활동에 대한 기후변화의 위험을 평가하는 기후변화에 관한 정부간 협의체(IPCC)는 지난 2019년 8월《기후변화와 토지》라는 보고서에서 전 세계 모든 인류가 고기, 생선, 달걀, 우유 등 동물성 식품을 전혀 섭취하지 않고 식단을 순식물성으로 바꾸면, 즉 완전 채식인 비건 식단으로 바꾸면, 2050년까지 매년 약 80억 톤의 온실가스를 줄일 수 있을 것으로 추정했다. 2018년 배출한 전체 온실가스양이 459억 톤인 것을 감안하면, 전체 온실가스의 17.4%가 동물성 식품 섭취로 인해 발생하고 있는 것이다. 도로, 비행, 선박, 철도 등 모든 운송수단에서 발생하는 온실가스가 전체의 16.2% 수준인 것을 감안하면 차량을 전기차로 바꾸려는 노력 그 이상으로 식단을 순식물성으로 바꿔야 하는 것이다.

현재 인류는 빙하나 사막 등을 제외하고, 지구 지표면의 약 71%를 이용하고 있다. 그리고 인간이 이용하는 지표면의 37%가 숲이고, 50%가 농지다. 그런데 이 농지의 77%가 가축용 방목지와 가축 사료를 위해 사용되고 있고, 23%만이 인간이 직접 먹기 위한 작물을 위해 사용되고 있다. 육식을 멈추고 같은 열량을 식물성 식품에서 섭취할 경우 인간이 경작하는 23%의 농지 면적을 5%만 올려 28%로 늘리면 된다. 그러면 현재 인간이 경작하는 농지의 70%가량을 숲과 자연으로 되돌려 대기 중 이산화탄소를 큰 폭으로 감소시킬 수 있는 여력이 생긴다. 문제는 인류의 음식 소비가 숲을 파괴하는 쪽으로 진행되고 있다는 점이다. 역사상 유례없이 풍부한 육식을 즐기는 지금, 가축이 내뿜는 강력한 온실가스 '메탄'은 물론, 가축 사육 역시 기업화되고 방대해지면서 이로 인해 온실가스를 흡수하고 저장해야 할 숲이 파괴되고 있기 때문이다. 현재 아마존 밀림을 비롯한 동남아시아와 아프리카 지역의 열대우림이 2002년부터 2019년 사이에 3분의 2가 사라졌다. 열대우림의 70%를 차지하는 아마존 밀림의 경우 파괴되는 숲의 80%가량이 축산과 관련이 있다. 육류뿐만 아니라 식물성 기름 또한 숲 파괴의 한 원인이다. 지난 50여 년간 10배 증가한 식용유 수요를 충족하기 위해 1961년부터 2018년 사이에 식용유 생산에 사용하는 토지 면적도 3배가량 증가했다. 이로 인해 인도네시아와 말레이시아의 열대우림이 파괴되고 그 자리에 팜유 농장이 들어서고 있다. 경제 수준 향상과 그로 인한 육류 및 동물성 식품과 식용유 수요가 증가하면서 숲은 파괴될 수밖에 없다. 인류가 이용할 수 있는 지표면이 제한되어 있기 때문이다. 축산업은 삼림 파괴와 함께 메탄가스 생산을 75%나 증가시켜 지구온난화를 가속화하고 있다.

음식으로 지구를 구하다

'당신이 먹는 음식이 당신이다(You Are What You Eat)'라는 말이 있다. 즉, 어떤 음식을 먹느냐에 따라 우리 몸이 달라진다는 것이다. 하지만 우리가 먹는 음식은 우리 자신뿐만 아니라 우리가 사는 지구도 만든다. 17세기 때 소금에 절인 청어는 네덜란드를 해양 강국으로 만들어 대항해시대, 식민지 쟁탈전의 서막을 열었다. 비슷한 시기에 과거 부유층의 전유물이었던 설탕은 아프리카 노예무역과 노예에 의존한 남미 및 카리브해 지역의 사탕수수 플랜테이션을 폭발적으로 증가시켰다. 만약 17세기 유럽인들이 청어와 설탕을 먹지 않았다면 우리는 오늘날의 지구와 전혀 다른 지구에서 살고 있었을지도 모른다.

그렇다면 21세기는 어떨까? 지난 수십 년간 주로 경제가 발전한 국가를 중심으로 동물성 식품과 식물성 기름, 설탕 섭취가 기하급수적으로 증가했다. 특히 과거 부유층의 전유물로 여겨졌던 고기에 대한 수요가 급증하면서, 숲이 파괴되고 가축들의 분뇨와 화학비료, 농약, 항생제에 의해 땅과 강, 바다가 오염되고, 대기 중 온실가스도 감당할 수 없을 정도로 증가했다. 많은 이들이 온실가스 하면 화석연료만을 떠올리지만, 우리가 즐겨 먹는 음식의 생산 과정에서도 막대한 양의 온실가스가 배출된다. 21세기 들어서 음식이 지구에 미치는 영향은 그 크기와 속도 면에서 인류 역사상 가장 거대해졌다. 이는 큰 위협이지만, 동시에 기회이기도 하다. 우리가 현명하게 음식을 선택하면 우리 자신뿐만 아니라 지구도 매우 빠르게 건강한 방향으로 바뀔 수 있기 때문이다. 21세기인 지금, 과연 어떤 음식들을 먹지 않기로, 혹은 더 많이 먹기로 결심할 때 우리의 미래가 달라질 수 있을까?

사료와 식용유는 한 몸, 숲을 파괴한다

식물성 기름 중 대두유는 특히 축산업과 밀접한 관련이 있다. 콩에서 기름을 짜내면 '대두박'이라는 찌꺼기가 남는데, 이 대두박은 사료의 핵심 원료가 된다. 식용유와 사료는 한 배에서 태어난 셈이다. 현재 전 세계 대두 수확량의 77%가 사료로, 13.2%는 식용유 생산을 위해 쓰이고 있다. 한마디로 사용량이나 매출을 기준으로 보면 가축 사료가 주산물이고, 식용유가 부산물에 가깝다. 이렇게 가축 사료와 식용유 둘 다를 통해 수익을 올릴 수 있게 되면서 가축 사료와 식용유는 과거보다 저렴해졌다. 그 결과 인류, 특히 선진국 국민들의 동물성 식품과 식물성 기름 섭취 모두 급격하게 증가했다. 식용유 산업과 축산업은 서로 의존하며 함께 시장을 확대하고 있다. 이 때문에 산림 손실을 줄이기 위해서는 동물성 식품 소비를 줄이는 것뿐만 아니라, 식용유 소비도 함께 줄여 나가야 한다.

2005년부터 2013년 사이 손실된 전 세계 숲의 41%는 소고기 생산을 위해, 13%는 식물성 기름 생산을 위해 사라졌다. 우리가, 특히 선진국 국민이 지금처럼 동물성 식품과 식물성 기름을 섭취한다면, 그리고 개발도상국의 식습관이 선진국처럼 바뀌게 되면 이산화탄소를 흡수하는 숲의 대부분이 파괴되는 것을 피할 수 없다. 산림 손실을 줄이기 위해서는 선진국을 중심으로 동물성 식품과 식물성 기름 섭취를 획기적으로 줄이기 위한 노력을 해야 한다.

해양생물도 먹지 말아야 하는 이유

해양생물은 육상생물들과 근본적으로 다른 조건에서 살아가고
있어서, 대기 중 탄소의 흡수 및 저장과 관련해 보다 중요한 의미를
갖는다. 육상동물은 죽은 후 분해되면, 몸에 저장되어 있던 탄소가
대기로 방출되지만, 해양생물은 죽은 후 바다에 가라앉아 자신에게
저장되어 있던 탄소를 수백에서 수천 년 이상 해저에 저장한다.
이렇게 해양생물들이 대기 중 이산화탄소를 흡수해 해저에 저장하는
탄소를 '해양 블루카본'이라고 한다. 해양 블루카본은 해양생물들의
사체에서뿐만 아니라 생명 활동과 서로 간의 먹이그물 상호작용,
배설물의 해저 퇴적 등 모든 과정을 통해 해양에 탄소를 저장한다.
해양생물을 바다에서 꺼내 육지에서 생을 마감하도록 하는 모든 행위,
다시 말해 물고기를 먹는 행위는 해양 블루카본을 대기로 방출하는
행위가 될 수 있다.
많은 사람은 음식이 기후에 미치는 영향을 생각할 때, 메탄을 내뿜는
소를 가장 먼저 떠올린다. 그리고 소고기 대신 오메가3가 풍부한 생선을
먹으려 한다. 하지만, 바다에 살고 있는 어류를 포함한 다양한 해양
동물을 먹는 것은 바다에 저장될 해양 블루카본을 대기 중으로 방출하는
행위나 마찬가지다. 기후에 미치는 영향을 중심으로 본다면, 육지든
바다든 모든 동물성 식품을 최대한 먹지 않는 것이 최선의 선택이다.

인류의 멸종에 저항하는 지속 가능한 영양학

지금과 같이 곡물의 대부분을 인간이 아닌 가축에게 먹인다면, 그리고
가축으로부터 얻은 육류와 유제품, 달걀, 어패류 등 동물성 식품을 계속
강조한다면 인류는 멸종을 피하기 어렵다. 기후위기로 인한 농업위기,
식량위기는 피할 수 없는 미래이자 이미 진행 중인 현실이다. 이제 무엇을
먹을 것인가에 대한 고민은 맛과 취향, 영양학적 고려를 넘어 환경과
지구의 지속가능성에 미치는 영양에 대한 고려까지 확대되어야 한다.
지금처럼 전체 농지의 77%를 인간이 아닌 가축을 위해 사용하고,
곡물의 대부분을 인간이 아닌 가축에게 먹이는 행위를 정당화하는
영양학은 인류의 멸망을 촉진하는 영양학이 될 것이다.
건강을 해치는 저탄수화물 다이어트의 유행과 이로 인한 동물성 단백질
섭취 증가는 당뇨병과 만성질환의 증가를 촉진한다. 기후위기 시대,
식량위기 시대에 걸맞게 영양학도 재구성할 필요가 있다. 영양학적으로
부족하지 않게 먹으면서도 온실가스 배출을 최소화할 수 있는 새로운
영양학이 필요하다. 인류가 멸종으로부터 저항할 수 있도록 돕는 영양학,
우리는 이 영양학을 '멸종저항 영양학'이라 부를 수 있을 것이다.
이 멸종저항 영양학은 인류를 기후위기와 환경 파괴로부터 보호할 뿐만
아니라 실질적인 건강을 향상시킴으로써 비만, 고혈압, 당뇨병, 고지혈증,
심뇌혈관질환, 암, 치매로부터도 자유롭게 한다. 멸종저항 영양학을
통해 지구를 위한 것이 나를 위한 것이고, 나를 위한 것이 곧 지구를 위한
것이라는 사실을 이해할 수 있게 될 것이다.

음식의 사회적 의미와 건강한 기후미식

음식은 우리 사회에서 다양한 의미를 갖는다. 생존과 건강을 위한 필수품으로서의 생리적 의미뿐만 아니라 심리적, 사회적, 경제적 의미도 지닌다. 누군가는 건강을 최우선으로 음식을 선택하고, 누군가는 자신의 심리적, 탐미적 욕구 충족을 위해 음식을 선택하고, 또 다른 누군가는 사람들과의 관계 유지 및 자신의 사회적 지위 확인을 위한 수단으로 음식을 선택한다. 또 누군가에게 음식은 생계유지 및 경제적 이득을 얻기 위한 상품이어서 그 음식이 어떤 이유에서든 최대한 많은 사람에게 소비되는 것이 중요한 경우도 있다. 그렇다 보니 무엇을 먹을 것인가를 둘러싸고 다양한 의견들이 존재하고, 때로는 충돌한다. 특히 경제적 이득이 걸린 경우 그 충돌은 더욱 격렬해지고, 거짓 정보와 온갖 왜곡된 상징들이 서슴없이 동원된다.

하지만 기후위기가 본격화하면서 음식은 또 다른 의미를 갖게 됐다. 우리의 음식 선택에 의해 기후위기가 악화될 수도, 완화할 수도 있다는 사실로 인해 기후위기 대응 수단으로서의 의미도 갖게 된 것이다. 어쩌면 기후위기 시대엔 이 의미가 다른 모든 의미를 압도하게 될지도 모른다. 바야흐로, '기후미식'의 시대가 되는 것이다. 이미 일부 국가들은 기후미식적 관점을 국가 식이지침과 교육과정에 반영하고 있다. 유엔식량농업기구는 전 세계 국가들의 식이지침이 권장하는 음식들의 환경적 영향을 고려하고 있는지 평가하고 있다. 환경적 영향을 고려한 식이지침은 예외 없이 육류 및 어류 섭취를 제한하고, 식물성 식품을 통해 단백질을 섭취할 것을 권장하고 있다. 기후미식은 기후위기에서 살아가야 하는 사람들의 기본 에티켓이 되어가는 중이다. 과연 우리는 어떻게 기후미식을 준비할 수 있을까?

지속 가능한 기후미식을 실천하기 위해서는 건강도 고려해야 한다는 점에서 순식물성이면서 인슐린 저항성 예방 효과 또한 가장 큰 '자연식물식'이야말로 최고의 기후미식 식단이라고 할 수 있다. 자연식물식은 자연상태에 가까운, 최소한으로 가공된 식물성 식품으로만 구성된 식단을 뜻한다. 고기, 생선, 달걀, 우유 등 모든 동물성 식품과 식용유, 설탕과 같은 가공된 식물성 식품을 최대한 배제하고 통곡물, 채소, 해조류, 버섯, 과일, 콩류, 소량의 견과류 등 건강에 좋은 자연상태의 식물성 식품만 먹는 식사 유형이다. 영어로는 'Whole Food Plant-Based diet'라고 하고 줄여서 'WFPB diet'라고도 부른다. 한마디로 인류가 현재 겪고 있는 다양한 만성질환의 원인인 인슐린 저항성을 유발하는 동물성 단백질과 식용유, 설탕을 배제한 식단이다. 식단에서 동물성 식물을 배제한다는 측면에서 자연식물식은 비건 식단과 비슷하지만 두 식단은 탄생 배경이 다르다. 비건 식단은 동물에게 해를 입히지 않으려는 삶의 태도이자 가치관인 비건주의(Veganism) 실천의 일부다. 그래서 비건주의는 식단뿐만 아니라 의류, 화장품, 위생용품, 관광 등 삶 전반에서 동물에 해를 입히지 않는 것을 최우선으로 하기 때문에, 식단에 있어서 육류, 어패류, 달걀, 우유 및 유제품 등의 동물성 식품을 배제하는 것이 가장 중요하다.

반면 자연식물식은 최고로 건강한 식단을 과학적으로 규명하는 과정에서 다듬어진 식단이다. 따라서 동물성 식품뿐만 아니라 식물성 기름과 설탕 및 정제 당분 또한 최대한 배제한다. 이런 이유로 비건 식단과 자연식물식은 식물성 가공식품에 대한 태도에서 차이가 있다.

나와 지구를 살리는 식사, 자연식물식

자연식물식에서는 식품을 크게 현미나 통곡물, 채소, 해조류, 과일 등 논·밭·숲·나무·강·바다 등의 자연에서 바로 얻을 수 있는 '자연상태 식물성 식품'과 경미한 가공식품, 고도 가공식품으로 나뉜다. 경미한 가공식품은 다시 1단계, 2단계로 나눌 수 있는데, 자연상태 식물성 식품을 가루 내거나, 껍질을 벗기거나, 건조한 건 1단계 가공식품이 되고, 1단계 가공에서 한 단계 더 가공된 식품은 2단계 가공식품이다. 고도 가공식품도 다시 그냥 고도 가공식품과 초고도 가공식품으로 나뉘는데, 식용유, 설탕, 분리단백질 등 식물성 식품에서 특정 성분만 추출한 식품 혹은 이 식품이 많이 첨가된 식품들이 고도 가공식품이고, 고도 가공식품 혹은 다양한 식품을 높은 온도의 기름에 튀기거나 볶고, 설탕이나 각종 첨가물이 추가되면 초고도 가공식품이 된다.

사과를 예로 들면 껍질째 씹어 먹는 사과는 '자연상태 식물성 식품'이고, 껍질을 깎거나 껍질째 스무디로 갈아 먹는 사과는 '1단계 가공식품', 껍질을 제거해 스무디로 갈아 먹는 사과는 '2단계 가공식품'이 된다. 사과즙을 조려서 만든 사과시럽은 '고도 가공식품'이고, 사과를 기름에 튀기거나 설탕, 기름을 첨가해 조리한 음식들은 '초고도 가공식품'이 된다.

그렇다면 자연식물식은 자연상태 식물성 식품만 먹는 것을 말하는 건가? 그건 아니다. 자연상태 식물성 식품을 최우선으로 식단에 포함하되, 필요에 따라 경미한 가공식품도 식단에 포함할 수 있다. 물론 2단계 가공식품보다는 1단계 가공식품을 더욱 우선적으로 선택한다.

자연식물식의 식품 구분을 보면서 사과를 껍질째 씹어 먹는 것과, 사과를 껍질째 갈아서 스무디 형태로 먹는 건 섭취하는 영양 성분에 있어서는 차이가 없기에 '이 둘을 굳이 구분할 필요가 있을까?'라는 생각을 할 수 있다. 하지만 영양 성분이 같더라도 먹는 방법에 따라 건강에 미치는 효과는 매우 다를 수 있다. 가령 사과를 먹으면 대장암을 비롯한 다양한 부위의 암 발생 위험이 감소하지만, 식이섬유가 제거된 사과주스를 마시면 오히려 대장암, 유방암을 비롯한 다양한 부위의 암 발생 위험이 증가한다. 사과주스는 식이섬유가 제거되는 가공 과정을 거치면서 일반적인 당분 음료와 비슷해지기 때문이다. 껍질째 갈아 만든 스무디는, 사과와 사과주스의 중간 정도로 혈당을 상승시키지만, 사과주스 쪽에 좀 더 가까운 혈당 변화를 보인다. 사과를 씹어 먹을 땐 10분 정도 걸리고, 소량씩 십이지장으로 넘어가지만, 스무디는 1~2분 만에 마시게 되고, 십이지장으로 넘어가는 속도가 빠르기 때문이다.

평소에 식물성 식품을 자주 먹지 않은 사람들은 자연식물식을 시작하면서 소화불량 증상을 겪는 경우가 많은데, 이는 자연식물식이 체질상 맞지 않아서가 아니라 아직 소화기관이 적응하지 못했기 때문이다. 2~3주 더 의식적으로 잘근잘근 씹은 후 삼키는 연습을 하다 보면 불편함을 최소화하면서 적응하게 될 것이다. 그리고 이 과정에서 미각이 되살아나 다양한 자연상태 식물성 식품들 본연의 맛을 온전히 느끼며 자연식물식의 즐거움을 더 경험하게 된다. 특히 자연식물식 식단을 실천하면서 반드시 기억해야 할 것은 음식의 양을 너무 줄이면

안 된다는 것이다. 자연상태의 식물성 식품은 영양소 밀도가 높지만, 칼로리 밀도는 낮기 때문에, 자신에게 필요한 칼로리를 자연식물식으로 섭취하기 위해서는 충분한 양을 먹은 것이 무엇보다 중요하다.

가령 기존 식단에서 동물성 식품만 제외하는 방식으로 자연식물식을 실천할 경우 한 끼에 먹는 칼로리가 너무 감소해 쉽게 지치고, 허기가 들어 건강하지 못한 음식을 먹게 될 가능성이 커진다. 이런 이유로 동물성 단백질과 식용유, 설탕이 과도하게 첨가된 음식을 먹지 않는 대신, 현미밥, 보리, 통밀, 감자, 고구마, 옥수수 등 자연상태에 가까운 녹말 음식을 조금 더 챙겨 먹는 것이 좋다. 그래도 출출하다면 한 줌 분량의 견과류를 간식으로 먹거나, 무가당 두유 혹은 식물성 음료를 간식으로 먹는 것이 좋다. 그래야 지치지 않고, 허기를 느끼지 않으면서 성공적으로 자연식물식을 지속할 수 있다.

이의철
직업환경의학 전문의이자 생활습관의학 전문의.
현재 LG에너지솔루션 기술연구원 부속의원 원장으로
임직원들의 건강을 관리하고 있다.《조금씩 천천히
자연식물식》,《기후미식》을 썼고,《서로를 살리는
기후위기 교육》,《비거닝》등을 공저했다. '기후미식'의
개념을 국내에 소개하며, 기후위기 대응, 동물과의 공존
등을 위한 핵심 실천으로써 자연식물식을 알리기 위해
노력하고 있다.

Dear Ocean, Dear Future

바다,
지켜내는 사람들

어찌 보면 소소한 일상일 수 있지만 바다를 생각하는 마음과 행동은 결코 사소하지 않은 사람들.
각자 다른 삶을 살지만 바다에 똑같은 애정을 느끼고, 내 미래에 함께하는 바다, 다음 세대가 우리와 똑같이
누릴 수 있는 바다가 존재해야 한다는 사명감도 지녔다. 오로지 '내일의 바다와 함께하기 위해' 행동하고
이야기를 전파하는 그들이 있기에, 우리는 오늘도 바다의 건강한 미래를 꿈꿔볼 수 있다.

담당 김윤선 **사진** 최창락

우리 대부분은 지구온난화로 인한 육지의 온도 상승을 체감하며 심각성에 대해 고민했지만, 사실 들끓은 지구는 육지에 한정된 문제가 아니다. 2023년 여름, 전 세계적으로 이례적인 폭염이 발생했다. 올해 8월의 제주도 연안 표층 수온은 최고 30도를 기록했고, 같은 기간 바다 평균 수온을 살펴봐도 최근 3년간 26~27도를 기록했다 (국립수산과학원). 지난 100년 동안 해수면 평균 온도는 10년마다 0.1℃씩 상승해왔는데, 얕은 바다보다 심해의 수온이 더 빠르게 상승 중이다. 바닷물이 더워져 물이 팽창하면 해수면이 높아지고 극지의 만년설도 빨리 녹게 된다. 무엇보다도 해양 생태계에 치명적이다. 수온이 올라갈수록 먹이사슬에도 변화가 생길 뿐만 아니라 바닷물 속에 녹아 있는 산소의 양이 크게 줄어들기 때문이다. 지구온난화로 인한 바다의 수온 상승은 산소 호흡을 하는 많은 해양동물의 생존과도 직결되며, 무엇보다도 해양생물의 기반 생태계인 산호초 멸종에 가장 큰 원인이 된다. 현재 우리 바다 역시 '해양열파'라는 폭염 현상을 겪고 있으며 바닷속에서는 아열대, 열대 종의 종류와 개체 수가 꾸준히 증가하는 중이다. 그뿐만 아니라, 수온 상승은 토착 해조류 실종과 함께 암반 백화현상인 갯녹음을 불러왔다.

intro.

지금, 바다에서 벌어지는 일들

자연은 근본적으로 인간에게 아무런 관심이 없지만 우리에게 한없이 공평하다. 풍요로운 바다는 한결같이 모든 사람에게 그 전체를 똑같이 내주고, 누리게 했다. 인간은 어떤가. 내 일상 터전이 아닌 이상 바다는 별 관심 없는 대상이다. 얻을 수 있는 것을 마음껏 이용은 해도 지구 공동체로 공평하게 지낼 생각은 없다. 미세플라스틱, 원전수 방출 등으로 인한 바다 오염의 심각한 현실을 접할 때도, 사실 우리 대부분의 가장 큰 걱정은 바다가 아닌 나와 가족의 건강이 아닐까 싶다. 이렇듯 인간의 오랜 무관심과 불공평한 거래가 이어지는 동안 바다는 수상에서 수중까지 여러 혼란을 겪었고, 결국 전례 없는 환경 변화가 순식간에 찾아왔다. 이제 우리가 바다를 지키고, 서로가 서로를 지켜야 할 때다. 수온 상승과 생태계 파괴, 거대 섬을 이뤄 떠다니는 바다쓰레기까지. 이미 온전하다고 말할 수 없는 바다 환경이 회복되지 못한다면 결국은 인간이란 존재 역시 안전할 수 없는 상황이다. 온난화로 인한 수온 상승과 수상을 뒤덮은 쓰레기, 수중 생태계 파괴와 건강을 위협하는 미세플라스틱까지. 바다는 지금 어떤 변화를 겪고 있는 걸까.

해양열파(MHV: Marine Heat-Wave)는 상의 폭염과 마찬가지로, 수천 킬로미터에 걸쳐 해면 수온이 크게 상승하는 현상을 뜻한다. 기간은 짧게는 며칠, 길게는 수년으로 다양하다. 해양열파의 주요 원인은 지구온난화로 인한 장기 기후변화라고 볼 수 있다. 수온 상승으로 인한 태평양의 산호 백화현상이 대표적 현상이며, 바다 표면과 수중 간의 수온 차이가 발생하면 바다 아래층의 산소가 부족해지면서 수산 자원이 대량으로 폐사하거나 서식지가 이동하는 상황도 발생한다. 우리나라의 경우 동해의 고수온 현상으로 인해 오징어 어업에 큰 타격을 입었던 시기(2017년)를 떠올리면 이해가 쉬울 것이다. 해양은 온실가스로 인해 상승된 열의 90%를 흡수하는데, 산업화 이전 연간 18.4일이던 해양열파 일수는 2100년에 최대 171일까지 10배 가까이 늘어나고 강도도 2.94도로 3배 가까이 증가할 것으로 분석되고 있다. 또 해외 연구진에 따르면, 해양에서 나타나는 폭염과 해양열파는 2100년이면 산업화 이전보다 최대 100배가량 증가하고, 강도는 3배 가까이 강해질 것으로 예측된다.

블루카본은 바다의 탄소, 좀 더 자세히 말하면 바다 생태계가 대기 중 이산화탄소를 흡수하는 천연 탄소흡수원이다. 블루카본은 침엽수림이나 열대우림 등 육상 생태계가 흡수하는 그린카본(green carbon)보다 탄소 흡수 속도가 50배 이상 빠르고 탄소 저장 능력도 훨씬 높다. 해양생물의 삶의 터전인 '바다 숲'은 해조류와 바닷말, 잘피 등이 바닷속에서 숲을 이루며 블루카본의 순기능을 담당한다. 바다 숲이 번성해야 해양 생태계를 건강하게 유지할 수 있는데, 최근 수온 상승, 연안 오염 등으로 갯녹음 현상이 심해지면서 바다 숲이 빠르게 사라지는 중이다. 바닷속 생물들의 서식처 역할을 해주는 바다 숲이 사라지면 해양 생태계가 파괴되고, 탄소 흡수 능력도 저하되어 바다의 산성화 또한 극심해질 수밖에 없다. 이미 여의도 면적의 70배에 달하는 2만ha 이상 지역이 갯녹음 발생으로 바다 사막이 되었고 전국의 바다에서 매년 여의도 4배(1,200ha) 면적에 달하는 갯녹음이 발생한다고 한다.

바다의 수온 상승 문제에 무덤덤한 우리가 직관으로 느끼는 것은 바다쓰레기의 심각성이지 않을까. 물론 도시 생활자에게는 이들 역시 익숙지 않을 것이다. 바다쓰레기의 발생 원인은 육지, 바다 그리고 해외에서의 유입 등 세 가지 경로로 생각할 수 있다. 우선 육지의 경우 우리가 버린 쓰레기가 하천을 통해 유입되거나, 또는 해안의 상업, 주거 지역에서 투기한 쓰레기가 직접적 문제다. 그런데 사실 (우리나라의 경우) 바다쓰레기를 만드는 일등공신은 두 번째, 어업으로 인해 바다에서 발생하는 쓰레기다. 별도의 규제 없이 자유롭게 불법 폐기되는 어망과 로프, 어구 등이 가장 많은 부분을 차지하고, 선박에서 버리는 음식물과 일회용 쓰레기, 담배꽁초 또한 상당하다고 알려졌다. 또 패류를 수확한 뒤 즉석에서 폐기하는 패각 종류도 쓰레기의 한 종류가 된다.

바다에 떠다니는 쓰레기의 약 80%는 어업 활동으로부터 야기된 것이며 그중 어선에서 투기하는 페트병과 캔류도 꽤 많은 양으로 알려졌다. 해양수산부에 따르면, 우리나라 연간 해양 플라스틱 쓰레기 가운데 폐어구·부표가 차지하는 비율은 약 54%에 다다른다. 특히 실제 사용량 약 13.1만 톤 가운데 4만 4,000톤의 폐어구가 바다에 버려진다. 그중 연평균 수거량은 1만 1,000톤에 불과해 매년 3만 3,000톤이 바다에서 유실된다. 이처럼 버려진 폐어구는 유령어업(버려지는 그물이나

낚싯줄에 걸려서 물고기 등 해양생물이 죽는 현상)의 원인이 된다. 그뿐만 아니라, 어업에 쓰이는 플라스틱 그물은 바다에서 부식, 분해될 경우 미세플라스틱이 되고 생태계 교란 문제의 원인이 된다.

어업 과정에서의 남획과 혼획으로 인한 해양생물 멸종위기도 심각하다. 해양생태계를 파괴하는 것 중의 하나가 바로 불법·비보고·비규제 (Illegal· Unreported· Unregulated) 어업이다. IUU 어업이란 정직하지 않은 수단을 통해 어획물을 취하는 것으로, 어떤 나라에도 속하지 않은 공해(High sea)부터 배타적경제수역(EEZ)을 포함한 국가의 관할 수역까지 다양한 곳에서 IUU 어업이 일어나고 있다. IUU어업이 문제가 되는 이유는 무분별한 남획이 발생하기 때문이다. 특히, 대규모의 그물을 이용해 어린 개체까지 싹쓸이해 잡아들여 개체 수가 회복될 여지를 주지 않는 남획은 목표 어종이 아닌 해양생물에게도 큰 피해를 준다. 생선을 잡기 위해 내린 수십 킬로미터 길이의 그물에 상어와 바다거북, 돌고래들이 걸려 질식사하게 되는 혼획이 대표적이다. 많은 국가가 남획, 혼획으로 인한 피해를 줄이고자 각종 규제(어종, 어획량, 도구 등)를 강화하지만, 어획량이 줄면 경제적 손실이 커지므로 이를 위반한 어업을 계속하는 것이다.

참고 자료
http://kfem.or.kr/?p=228037 (환경운동연합, 해양 생태계를 파괴하는 악영향)
https://m.blog.naver.com/PostList.naver?blogId=hoseokch (forever blue 블로그,
탄소중립과 멸종위기 해양동물)
《시그널, 기후의 경고》안영인 지음 | 엔자임헬스
《ECO REPORT 2030》(지구의 오늘, 바다를 뒤덮은 쓰레기)
한국해양과학기술원 블로그 / SBS 뉴스(서동균 기자)

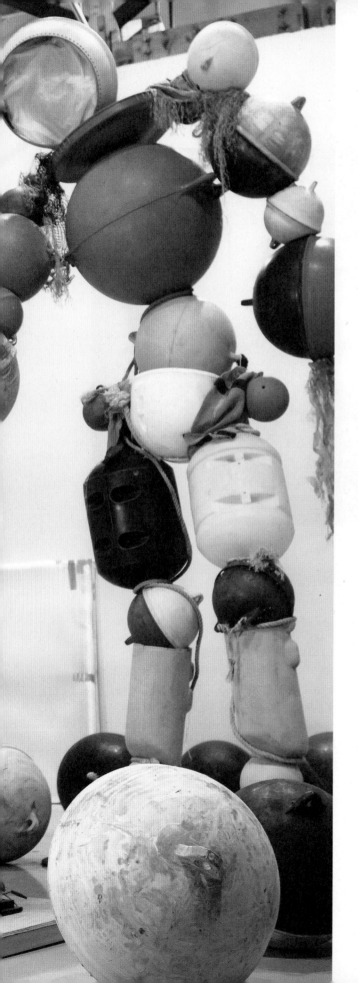

〈오션 플라바 몬스터〉, 2022, 해양쓰레기 부표, 자전거,
인터랙티브, 가변크기. '몬스터'는 쓰레기 무더기의
과도한 형상을 통해 기억에 각인되며, 각인되고 나서는
적어도 방송이나 신문에서 접하는 한두 줄의 기사나 영상
이미지보다 더 직접적으로 우리에게 남는다. 쓰레기는
인간적이고, 인간과의 관계에서 빚어진 산물이다.

바다쓰레기, 울림 있는 예술이 되다
설치미술가 양쿠라

우리 대부분은 육지의 일회용 플라스틱 쓰레기 문제에 심각성을
느끼지만 해양쓰레기에 대한 관심은 상대적으로 낮은 편이다.
땅이 발 디딜 틈 없이 쓰레기로 가득 차는 건 삶의 위협이 되지만
지구의 70% 면적을 차지하는 바다라면 떠다니는 쓰레기 정도쯤
품어도 큰 문제 없으리라 생각하는 듯하다. 양쿠라 작가는 바다에
버려진 쓰레기로 예술 작업을 펼치는 설치미술가이자 공공미술 작가다.
시시각각 바다를 관찰하며 주워 올린 쓰레기는 어떤 구호보다 더 울림
있는 설치 작품으로 완성되고, 이를 통해 별다른 죄책감 없이 쓰레기를
버리는 우리의 행동은 물론 인간의 원초적 이기심을 돌아보게 한다.
여느 환경운동가보다 열정적인 활동을 이어가되 환경문제 이상의 것을
다루는 작가를 만나 바다와 바다쓰레기 이야기를 들어보았다.

Forgotten Messenger in Busan, ocean trash, mix media, 2017.

#양쿠라_ 설치미술가, 공공미술 작가

제주도 출신으로 조각을 전공했고 최근 주된 작업 분야는 설치미술입니다. 현재 대부도에 거주하고 작업실도 이곳에 있어요. 동아시아 바다를 기반으로 '생태와 환경'과 관련해 작품 활동을 전개해왔고 하와이와 호주, 러시아의 바다에까지 깊은 관심을 갖고 있습니다. 또 사진, 영상 등 다양한 매체를 활용하는 작업을 좋아해서 이들을 이용한 작품 활동도 꾸준히 이어오고 있어요.

제주도 출신이고 워낙 물을 좋아하기도 했는데, 바다와 쓰레기에 대한 본격적인 고민은 군 생활을 하면서 시작되었습니다. 당시 북한과 인접한 지역에서 바다를 유심히 바라보며 정찰하는 일을 주로 했는데, 그러다 보니 물 위에 떠다니는 사물을 집중해서 관찰하는 습관이 생겼어요. 한국으로 떠밀려오거나 한국에서 떠밀려가는 것의 관찰이 일상인 거죠. 제대를 하고 20대 중반에 호주에서 2년 정도 생활했어요. 작업 방향성에 대해 고민하고 미래를 계획하던 그 시기에, 지구 반대편에서는 바다를 깨끗하게 보전하려는 각고의 노력이 이뤄지고 있다는 것도 깨달았죠. 유년기, 청년기의 바다를 지나 호주 천연의 바다를 번갈아 바라본 시간의 중첩이, 바라보는 바다에서 '개입해야 할 바다'로 전환하는 계기가 된 것 같아요. 한국의 엄청난 쓰레기양과 고립된 느낌의 환경에 환멸을 느끼기도 했고요.

현재 작품 활동의 시작점이 된 것은 오래전 어느 날의 캠핑이에요. 땔감이라고 주운 것이 북한의 현판이었어요. 무시무시한 글귀가 적힌 현판을 보고 있자니 쓰레기가 지닌 파워풀한 메시지나 아이덴티티, 시대성이 한꺼번에 몰아치더군요. 바다로 밀려온 쓰레기가 지닌, 단순한 쓰레기 이상의 가치가 보였어요. 그때부터 쓰레기가 시대를 대변하는 중요한 역할을 할 수 있다는 생각을 했어요. 수많은 플라스틱 쓰레기가 지금은 아무짝에도 쓸모없을 수 있지만 언젠가는 하나의 지층처럼 역사와 그 시대의 모습을 축약적으로 보여줄 수 있다고요. 바다에 떠다니는 쓰레기에 집중하고 추적하게 된 이유일 거예요.

#artwork_ 소외된 것에 대한 관심과 재조합

쌓아오던 생각을 예술로 풀어낸 것은 2007년 태안 기름 유출 사건 때였습니다. 봉사 활동을 하며 환경과 오염에 대해 진지하게 생각하던 시기였는데, 예술 전공자로서 이런 문제에 어떻게 대응할 수 있을까, 이 시대 예술가의 모습에 부합할 수 있는 행위는 무엇일까를 고민했어요. 그리고 바다쓰레기로 예술 작품을 만들어 환경에 대한 메시지를 던져보고자 〈WHO〉라는 첫 작품을 만든 거죠. 사고 지역 부근에 설치한 작품은 앞쪽에는 아름다운 해변의 모습이 담겼지만 뒤편에는 해변을 덮은 기름을 닦아낸 종이가 붙어 있는 형태로, 양면성을 이야기하고자 했어요. 재미있는 것이, 사람들은 설치물의 앞모습을 배경으로 사진을 찍었지만 정작 뒷모습까지는 보지 않았습니다.

처음 태안 기름 유출 관련 작업을 할 당시만 해도 저는 미술을 공부하는 대학생이었습니다. 해양오염에 대해 무언가 목소리를 내고 싶어 작업을 한 것이지만, 주변에서 환경운동가인지, 예술가인지에 대한 의문을 제기하더라고요. 저 또한 왜 환경과 예술의 길을 걸으려고 하는지에 대한 물음을 스스로 끊임없이 던지게 됐죠. 그 당시엔 생각을 정립하지 못했지만, 그때부터 의식은 자연스레 하나의 방향으로 흘러가고 있었던 것 같아요. 자극적인 이미지가 난무하는 시대 속에서 예술이란 장르를 통해 보여주는 것이 더 많은 사람에게 다가갈 수 있는 방법이라 생각했죠. 쓰레기와 같은 '소외된 것'에 관심을 가지고, 그들을 재조합해 이미지를 만들어 하나의 스토리텔링으로 이어나갔습니다. 좀 더 사실적인 문제에 집중하고 조사하다 보니 해류와 해도까지 공부하게 되었고, 이와 함께 다른 나라와의 관계, 문제로까지 관심이 이어지더군요. 작업 방식의 경우는 퍼포먼스 위주에서 실용성과 순환을 모색하는 방법으로 점차 바뀌게 되었습니다.

  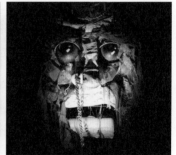

왼쪽부터 Trash monster of China ocean trash, mix media, 2017. Trash monster of North Korea ocean trash, mix media, 2017. Trash monster of South Korea ocean trash, mix media, 2017.

#interests_ 쓰레기의 이동 경로를 관찰하다

2016년경, 당시 중국 쓰레기가 한국에 오는 것은 너무나 당연한 사실이었고 '엄청나게 발생하는 한국 쓰레기는 과연 어디로 흘러갈까?'에 대한 의문이 생겼습니다. 그때 물의 흐름, 즉 해류를 보기 시작했어요. 어디서 흘러왔는지 어디로 갈지를 유추하기 위한 공부가 필요했고, 해도를 보고 기상을 읽을 줄 알고 물때 시간을 이해하면서 자연스럽게 터득을 했죠. 한국 쓰레기가 어떤 방향으로 흘러갈지에 대한 유추가 가능해지면서 실제로 대마도를 무작정 가봤더니, 그곳에 정답이 있었습니다. 한국발 쓰레기가 압도적으로 많았어요.

한편으로, 바다쓰레기의 흐름을 알기 위해서는 지형도 파악해야 합니다. 곶, 만 같은 곳은 쓰레기를 철저히 가두는 역할을 해요. 예를 들어 같은 위도상에 있는 제주도와 대마도를 비교해보면, 대마도는 제주도의 1/2 크기지만 해안선은 2배나 길어요. 꼬불꼬불한 모양의 리아스식 해안이거든요. 게다가 주변 해협을 지나는 큰 해류를 막고 있는 지정적 특성 탓에 한국, 제주도, 일본 서남부에서 온 쓰레기들이 모두 모이게 됩니다. 온갖 이물질을 흡수하는 해면처럼요. 우리나라 동해가 서해, 남해에 비해 상대적으로 깨끗한 것, 일본 서쪽 바다가 청정한 것 모두 이런 이유 때문이라고 생각합니다. 아이러니하게도 쓰레기를 막아주는 '고마운 섬' 대마도는 압도적인 쓰레기로 스트레스를 받고 있으며, 이는 환경문제를 넘어 사회적 정의까지 고민하게 되는 부분입니다.

#project_ 과거, 현재 그리고 미래

가장 기억에 남는 작품
2017

2017년 선보인 〈잊힌 통신사들(Forgotten Messenger)〉로, 일본 대마도에 흘러 들어간 한국 쓰레기로 만든 작품입니다. 과거 조선통신사가 일본에 메시지를 전달하고 그 수행길을 되돌아오던 행적을 한국의 쓰레기가 전해지고 돌아오는 방식으로 번안, 해석한 것이에요. 오늘날의 환경문제를 메시지로 담아, 4미터가 넘는 쓰레기 옷을 직접 입고 걸어가는 퍼포먼스를 펼쳤어요. 사실 대한민국 사람이 일본에 가서 한국 쓰레기를 가져왔다는 행위 자체가 정치적으로 해석하면 많은 얘기가 나올 수 있는 일이죠. 하지만 환경적인 부분에서 바라본다면 대한민국 사람으로서, 예술가로서 책임 의식이 느껴지는 일이었어요. 실제로 대마도에 떠밀려온 무수한 한국 쓰레기를 보는 순간 부끄럽고 창피했거든요. 우리는 백령도에 떠내려온 무수한 중국 쓰레기를 보고 화를 내면서, 정작 우리가 버린 쓰레기는 다른 나라로 떠내려가고 있던 거잖아요. 〈Forgotten Messenger〉는 이런 부분에서 많은 관심을 받았어요. 저 또한 이 작품으로 한국 쓰레기들이 다른 나라로 흘러가는 지점에 대해 좀 더 연구하고 싶은 생각이 들게 되었고요.

오션 플라바 몬스터
2023

얼마 전까지 인천아트플랫폼 기획전시 '황해어보'에서 전시한 〈오션 플라바 몬스터〉 시리즈는 2016년부터 제작해왔어요. 해양오염 물질 중 가장 쉽게 유실되고 표류하는 쓰레기인 부표로 몬스터를 만들었습니다. 관객이 자전거에 앉아 페달을 구르면 전기에너지가 생성되고, 이로 인해 거대한 몬스터의 눈에서 빛이 나와요. 이처럼 관객과 작품이 서로 반응하는 형태를 통해서, 관객이 해양오염 문제를 자신의 일상과 가깝게 상호작용하는 관계로 인식하기를 바라고 있어요.

윤슬바다학교
2023

사실 최근에 가장 큰 에너지를 쏟아붓고 싶은 일은 올해 새롭게 시작한 윤슬바다학교 THE WAVE 프로젝트입니다. 환경과 예술을 접목한 교육 프로그램으로, 동아시아 해양 환경문제의 심각성을 알리고 예술을 통해 공감과 실천을 이끄는 작업이에요. 뜻을 함께하는 예술가들이 모여 바닷가에서 주운 쓰레기로 창작 활동을 펼치고, 환경에 대해 이야기하는 자리를 마련한 거죠. 올해는 예술과 환경에 관심 가진 20~30대 청년을 대상으로 대부도 바닷가에서 28시간 워크숍을 진행했는데, 앞으로 가족 단위의 어린이에서 청년 환경 관심가, 한국 주재 외국인까지 참여 대상을 다양하게 확대할 계획입니다.

환경 예술 프로젝트
2024

작년 대부도에 '윤슬문화공간'이라는 전시 공간을 만들었어요. 이후로 경기문화재단의 지역문화 활성화 프로젝트 지원 사업을 통해 전시를 열고 있고요. 이곳이 바다와 지구 환경에 대한 이야기를 함께 고민해볼 수 있는 장소가 되었으면 하는 바람입니다. 또, 내년에는 해외에서의 활동이 많아질 것 같아요. 우선은 내년 새해 첫날 출국해 2개월 정도 사우디아라비아 등 다양한 나라를 방문하는 여정을 통해, 타국에서도 윤슬바다학교를 열어볼 계획이에요. 저희 부부가 아직 신혼여행을 가지 못한 터라 이것도 겸사해 자유롭게 움직일 계획이에요. (웃음) 이어서 로스앤젤레스 해머 박물관(Hammer Museum)에서 진행되는 '숨(쉬다): 기후와 사회정의를 향해 (Breath(e): Towards Climate and Social Justice)' 전시에도 초청 작가로 참여할 예정입니다. 아, 전주문화재단이 주최하는 '예술로 그린 전주'라는 환경 프로젝트도 준비 중이에요. 올해부터 시작해 1년간 리서치 과정을 거친 결과를 내년에 작품으로 선보입니다.

#pointofview_ 바다쓰레기를 바라보는 시각

주변 사람들은 바다쓰레기를 수거해 작품을 만드는 저에 대해
환경 메시지를 전하는 작가라고 평가합니다. 물론 쓰레기를
통해 환경문제를 이야기하고자 해요. 하지만 작품에 담긴
원초적 메시지, 전달하고자 하는 내용은 인간 중심의 저변에
존재하는 이기심입니다. 한·중·일의 쓰레기에 대해 한참
고민하던 시기에, 어느 무인도에서 세 나라의 쓰레기가 서로
포개져 있는 것을 발견한 적이 있어요. 아주 다정하게. 타국과의
관계에 있어 다양한 제약을 받는 인간과는 달리, 쓰레기들은
너무나도 자유롭게 바다를 통해 모여 다닌다 싶었어요. 인간이
발생시킨 쓰레기임에도 오히려 인간보다 자유롭고 화목하게
어울리니 인간보다 낫나, 우리의 이기심은 과연 어디까지 갈
것인가 하고 생각해보았습니다.

우리 바다에 떠다니는 쓰레기는 중국, 북한에서 떠내려온
것들이 많은 한편, 우리가 무심코 버린 쓰레기는 해류를 타고
대마도나 일본, 혹은 태평양 섬까지 흘러가요. 이런 쓰레기
흐름의 현상 속에서 한·중·일 패권에 대한 긴장감과 정치적
마찰도 읽을 수가 있는 거죠. 각국은 군사 또는 어로 이득 등의
문제에 대해서는 앞뒤 가리지 않고 경쟁하지만 바다쓰레기
문제는 서로가 전혀 책임지려 하지 않아요. 암묵적으로
화두에도 올리지 않으려 하니 국가적 차원의 해결책도 없어요.
일본의 오염수 방류도 이런 모순적인 자국 이기주의가 여실히
드러난 것이고요. 그뿐만 아니라 어족자원에 대한 우선권 싸움,
정치적 외압이나 군비 경쟁까지, 쓰레기와 관련된 문제는 사실
환경문제를 넘어서 보여주는 잔인성이 큽니다.

Forgotten Messenger in Busan, ocean trash, mix media, 2017.

#message_ 바다 환경에 관심 가져야 하는 이유

바다의 아름다운 모습뿐만 아니라, 낚시, 수영, 스킨스쿠버 등 제가 사랑하는 다양한 바다 활동 또한 가까운 미래에 환경오염으로
없어질 수 있다는 현실이 너무나 안타까워요. 특히 어린아이들이 그들의 기대처럼 물놀이할 수 있는 시간이 얼마 남지 않았다고
생각하면 이 또한 너무나 참혹한 현실인 것 같습니다. 그러니 우리가 누려온 바다의 아름다움을 다음 세대에 전하기 위해서, 바다를
보존해야 합니다. 바다를 보호해야 할 이유는 그 밖에도 너무나 많습니다. 탄소를 줄이고 더 많은 산소 배출을 위해 숲을 늘리고
있지만 사실은 바다에서 가장 많은 산소가 나오고 있어요. 바다의 자정 정화 능력은 기후변화 문제를 해결하는 데 중요한 역할을 하고
있죠. 바다의 오염이 우리의 생존과도 직결되어 있지만, 안타깝게도 세상의 모든 쓰레기와 폐기물의 최종 정착지가 바로 바다예요.
바다 위에 떠다니는 수많은 쓰레기의 심각성이 당장 눈앞에 보이지는 않지만, 그렇기에 오히려 타격과 위험이 훨씬 더 클 수 있다는
사실을 기억해야만 합니다.

저는 예술가로서 환경단체, 또는 환경운동가와는 다른 환경 메시지를 전달하고 싶어요. 우리가 표준적 개념으로 사용하는 환경이라는
단어는, 사실 포함된 의미의 범위가 너무나 넓어요. 물론 저도 환경문제를 해결하고자 하는 목적과 열정이 있기에 현재의 작업이
가능하고, 환경단체들의 활동 역량과 진정성을 존경하기도 해요. 하지만 문제 해결에 대한 의견과 바라보는 시점은 확실히 달라요.
환경단체의 경우는 주로 '충격요법'을 쓰는데, 저는 이게 장기적이지 않다고 봅니다. 저는 앞으로도 지금까지 해온 것처럼 특정한
방향성을 두기보다는, 그때그때 필요에 따라 다양한 실험과 예술로 승화시키는 노력을 해나갈 생각입니다.

우리의 리추얼라이프, 비치코밍

페셰PESCE 이우열

페셰는 바다를 즐기고 사랑하는 사람들 그리고 환경 활동가, 관심자
사이에서 '서핑 기반의 친환경 라이프스타일 브랜드'로 알려졌다.
한편으로 요즘도 '비치코밍 활동으로 기업 유지가 가능한가요?'
라는 질문을 받곤 한다. 3년간의 활동이 비교적 순탄했던 걸 보면
답은 '가능하다'이고, 이제는 그 이유도 설명할 수 있을 것 같다. 조금
느리더라도 단단하고 바르고 멋있게 나아가고자 하는 생각과, 이를 함께
실현하는 사람들이 한결같이 존재하기 때문이다. 브랜드 창립자이자
호스트, 이우열이 전하는 페셰의 주말 비치코밍 이야기.

사진 제공 페셰

#pecse_시작과 현재

페셰는 서핑을 기반으로 한 행동주의 브랜드(Activism Brand)입니다. 비치클린 활동을 시작으로 업사이클 제품을 만들고, 기업 콘텐츠(Tide Project)도 제작하고 있어요. PESCE라는 단어는 FISH(어류, 물살이)의 이탈리아 말이고 로고는 향유고래입니다. 바다의 크고 작은 물살이들은 모두 연결되어 있고 이들은 인간에게도 연결되어 있다는 스토리를 지녔어요. 비치클린과 함께 업사이클 제품도 만드는데 요즘은 타 브랜드에서 의뢰받은 콘텐츠 제작까지 겸합니다.

페셰를 만든 것은 〈인류세〉라는 다큐멘터리를 본 것이 계기였어요. 큰 충격을 받았고, 관련 서적과 영상을 더 찾아보면서 '세상에서 가장 중요한 것'에 대한 관점이 달라졌거든요. 분리수거를 잘하거나 텀블러를 쓰는 것과는 다른 영향력을 지닌 일을 해보고 싶어졌고, 그렇게 2020년 7월 페셰를 결성해 해양 정화 캠페인을 시작한 거죠. 이후로 일 년 넘는 시간 동안 수익은 없었어요.

페셰 하면 서핑이 생각납니다. 하지만 저는 사실 서핑을 시작한 지 그리 오래되진 않았습니다. 브랜드를 준비할 때 SNS에서 보던 멋진 서핑이 페셰와 함께하기를 바랐고, 2021년 아내에게 서퍼인 동창 친구를 소개받았어요. 지금은 브랜드와 상관없이 서핑 자체를 즐기고 있지만 서울에 살면서 서핑을 하러 다니는 게 쉬운 일은 아니에요. 그래서 실력이 잘 늘지 않지만, 파도가 있을 때면 처음 서핑을 시작하게 도와준 친구와 강원도로 내달리고 있습니다. 처음 친구와 서핑을 갔을 때 해변에 크고 작은 쓰레기가 많았어요. 대부분의 사람이 바다를 즐기기는 해도 여기저기 널린 쓰레기엔 관심 없어 보였습니다. 해변의 순간을 SNS에 찍어 올리면서 '바다를 사랑한다'는 인상을 주는 것 역시 모순적이라고 느꼈어요. 페셰는 매월 2회씩 열정적으로 쓰레기를 줍는 한편, 사람들의 이런 '인증' 욕구를 이용해 알리는 역할도 함께합니다. 해변 쓰레기를 줍는 모습이 얼마나 멋진지, 이 행동을 따라하고 싶게 만드는 것이 페셰의 비치클린 목표 중 하나거든요.

#action_Ocean Trash, No More

비치클린 활동을 하다 보니 열정적인 모습으로 캠페인에 자주 참여하는 분들이 보이기 시작했습니다. 쓰레기 줍는 모습을 멋스럽게 표현하면 비슷한 결의 사람들이 모일 거란 예상이 맞았던 거예요. 그럴 때면 우리와 행동을 함께하자고 제안하기도 했고, 함께하고 싶다고 해준 분도 있었어요.

그렇게 자리 잡은 크루는 페셰의 캠페인에 정기적, 자발적 참여가 가능한 분들과 만든 캠페인 운영팀입니다. 디자이너, 사진가, 영상 제작자, 서핑 숍 운영자, 기획자, 수의사, 치과위생사, 요가 강사, 대학생 등등, 다양한 일을 하는 모두에겐 서핑을 즐기고 바다에 대한 애정을 지녔다는 공통점이 있어요. 단, 비치클린을 할 때는 우리 행동이 좀 더 자연에 부담을 덜 주는 방식이 맞는지, 제품을 만들 때는 오염이 따르지는 않는지 한 번 더 고민합니다. 행동주의기업인 페셰가 잘 성장하기 위해서는 성찰을 통한 행동이 필수라고 생각하거든요. 그래야만 환경문제에 적극적으로 목소리를 내고 행동하며, 소신 있게 브랜드의 신념을 밝힐 수 있다고 믿고요.

페셰 비치클린 캠페인의 목표는 '더 이상 이 활동을 하지 않는 것'입니다. 해변에서 쓰레기를 마주하는 경험은 단순히 '줍는 행위에 빠지자'는 의미가 아니에요. 지속적으로 시민의 행동을 이끌어내는 이유를 설명하자면, 시민들의 의식이 바뀌면 사회 분위기가 바뀌고, 그것이 문화가 될 것이라고 믿기 때문입니다. 해변에서 쓰레기를 줍거나, 일회용 플라스틱 사용을 줄이거나, 채식을 실천하는 것처럼, 자연을 위한 개인의 노력은 생각보다 어렵지 않지만 상당한 결과를 낼 수 있어요.

#host&crew_멋진 행동으로 선한 영향력을 전하다

페셰는 현재 4명의 호스트, 9명의 크루로 구성되어 있어요. 단순히 비치클린이 하고 싶다거나 멋져 보여서 크루 신청을 하는 지원은 받지 않고, 호스트들이 몇 가지 조건과 면모를 검토해서 함께할지의 여부를 결정하죠(조건과 면모는 웹사이트 ACTIVISM > CREW에 설명). 단지 올해도 크루 참여자가 좀 더 늘었고, 우리 활동에 맞는 사람들이 점점 더 많이 참여하고 있어요. 때로 험한 지형이나 별도 교통비가 필요한 장소에서 비치클린을 하기도 하는데, 이런 부분을 이해하고 함께 즐길 수 있는 사람이 더 많아졌다는 데에 뿌듯함을 느낀답니다.

저희는 시민의 멋진 행동을 멋있게 담아 어필하고자 해요. 여기서 '멋지다'라는 것은 사람들과 페셰의 가치관을 가리킵니다. 주중엔 일을 하고 주말에 기꺼이 시간을 내 해변에서 고생하는 사람들을, 저는 '자존감이 높은 사람'이라고 생각해요. 환경을 돌보는 행동은 자신과 주변을 존중하고 사랑하는 마음에서 비롯된다고 믿거든요. 그래서인지 캠페인에 참여하는 사람 대부분이 당당하고 솔직하며 긍정적인 성향입니다. 이들이 해변 쓰레기를 주우면서 서로에게 긍정적인 영향을 주고받을 때, 그런 모습을 멋진 사진으로 담아내 널리 알릴 때, 더 많은 시민이 환경에 공감하는 태도로 바라볼 것이라 생각했어요. 이 활동을 통해 쓰레기가 바다로 유입되는 것을 막는 건 물론이고, 쓰레기를 줍는 것이 '멋진 행동'이라고 여겨지는 사회 분위기를 만들고자 합니다.

#오늘의바다_ 조금만 불편하면 될 문제들

쓰레기를 주울 때마다 생각합니다. "시민들의 이 행동으로 해양쓰레기를 획기적으로 줄일 수 있을까?" 저는 사실 시민의 자발적 행동으로 해양쓰레기를 획기적으로 줄이기는 어렵다고 생각합니다. 양동이의 물이 흘러 넘치는데 수도꼭지에서 물은 계속 흘러 나오고 있습니다. 조그만 컵으로 퍼낸다고 해결이 될까요? 그런데 수도꼭지, 즉 문제의 근원을 잠그면서 쓰레기를 주워 내면 해결이 될 거라고 생각해요. 그러기 위해서는 쓰레기 줍는 단체, 시민 활동가들이 더 많아져야 할 거예요. 우리 모두가 기후 위기와 쓰레기 문제를 있는 그대로 인식하고 쓰레기와 환경에 대한 이야기를 더 많이 해야만 합니다. 우리 모두가 유권자이고 투자자이며 소비자인 만큼 구조나 제품을 왜 이렇게 만들었느냐고, 바꿔달라고 요구해야 수도꼭지를 잠글 수 있을 겁니다. 그런 의미에서 페셰는 활동을 통해 시민의 지속적인 참여를 이끌어내고 그들이 해안 쓰레기를 마주하게 합니다. 참여자들에게 우리의 목표를 쓰레기를 줍는 행위에 빠지는 것이 아닌 '더 이상 이 행동을 하지 않는 것'이라고 전합니다. 그리고 페셰에서 전달하는 사진으로 비치클린 활동과 해변의 상황을 주위에 널리 알려달라고 하죠. 사진이 SNS상에 업로드되고 시간이 쌓이면서 점차 사회적 분위기를 바꿔나갈 수 있다고 믿습니다. 환경 문제라는 거대한 담론 앞에서, 평소 이런 마음을 가슴에 새겨보면 어떨까요? 환경을 위해 할 수 있는 실천이나 노력은, 사실 조금만 불편을 감수하고 그 순간을 즐기면 되는 일이라고요.

#beachclean_비치클린의 하루

Host Crew 신수항

초창기에는 비치클린 장소 선정을 여러 곳으로 해서 많이 돌아다녀야 할 것 같았는데, 같은 해변을 다음 주에 가도 다음 달에 가도 쓰레기는 계속 밀려왔어요. 그래서 최근에는 두 군데를 집중해서 다니고 있습니다.

- **강릉 금진해변:** 크루 중 한 분이 근처에서 서핑 숍을 운영하세요. 작은 해변임에도 크고 작은 쓰레기는 계속 나오는데, 비치클린 후 우리 손으로 정화한 바다에서 서핑을 즐긴다는 보람을 느낄 수 있는 곳입니다.
- **무의도:** 물때에 맞춰 간조 때에만 들어갈 수 있고 가는 길도 험해요. 해변 청소를 하고 나올 때마다 항상 다음에 또 와서 치우자 다짐합니다. 다시 찾아도 이전과 다를 바 없는 상태이기에 반복된 작업의 연속이지요. 서핑을 할 수 없는 해변이지만 더 많고 다양한 쓰레기를 만날 수 있기에 강원도와는 또 다른 매력을 느껴요.

Host Crew 노다빈

강릉으로 갈 때는 도로보다는 철도를 이용합니다. 한국환경정책·평가연구원(KEI)은 철도가 도로보다 3배 이상 환경친화적이라는 연구 결과를 제시하기도 했고, 자동차보다 KTX가 더 편하게 이동할 수 있고요. 도착할 때면 옛 모습을 유지한 정동진역과 넓게 펼쳐진 동해바다가 주는 감동도 느낄 수 있답니다. 오전에 비치클린을 하고 오후에는 서핑을 하는데, 우리가 청소한 바다에서 서핑을 즐기면 바다와 더 가까워진 듯한 기분을 느낄 수 있습니다. 무의도의 경우는 오전에 모여 비치클린이 끝난 뒤 참여자들과 함께 점심 식사를 합니다. 페셰의 공식 활동에서는 채식과 제로웨이스트를 지향해요. 무의도 근처에 정말 맛있는 중국 식당이 있는데, 가지탕수육, 지삼선, 마라탕 등의 채식 메뉴를 맛있게 즐길 수 있어요.

Host Crew 박지예

환경을 생각하는 마음으로 캠페인에 참여한 분들은 '불편한 하루'를 불편하지 않게 생각하려는 것 같아요. 텀블러에 물 담아 마시기, 도시락통에 간식 싸 오기, 물티슈 대신 물로 손 씻기, 개인 수저 챙겨오기 등등. 모든 행동을 갑자기 바꾸려면 당연히 버겁겠지만, 매번 하나씩 바꿔가며 하루를 보낸다고 생각하면 무겁지 않은 마음으로 캠페인을 뿌듯하게 끝마칠 수 있어요.

#CoffeeBags _ 커피 마대를 제공하는 이유

처음 비치클린을 기획할 당시, SNS에서 쓰레기 줍는 활동을 찾아보니 대부분 플라스틱 마대를 사용하고 있었어요. 한번 쓰임을 다했지만 여전히 쓸모 있는 마대는 없을까 생각하던 중에 문득 떠오른 게 커피 마대였죠. 커피 브랜드나 수입 회사에 전화를 돌려 이들을 구할 수 있었습니다. 황마를 소재로 한 커피 마대는 PP 마대에 비해 조금 무겁긴 해도 내구성이 훨씬 좋아요. 또 마대를 만들 때와 처리할 때에도 자연에 부담을 덜 주고요. 식물성 성분으로 시간이 지나면 자연으로 되돌아갑니다. 무의도처럼 걸어 들어가는 길이 험하고 긴 곳에서 모은 쓰레기는 바로 반출이 어렵습니다. 지자체에서 짧게는 한 달, 길게는 일 년 후에 반출 계획을 짜고 실행해요. 그동안 PE, PP 소재로 만든 마대는 햇빛에 삭아 바스러집니다. 기껏 모은 쓰레기는 결국 다시 흐트러지고, 마대 자체도 미세플라스틱 쓰레기가 되어버려요.

저희는 커피 마대 사용 권장을 위해 작년 7월부터 올해 4월 1일까지 총 266일(9개월)에 걸친 작은 실험을 진행했습니다. 인천 무의도 해변에서 커피 마대에 쓰레기를 담아 그대로 두고 9개월을 지켜본 거죠. 뙤약볕과 비바람을 맞았지만, 시간이 지나 발견한 마대는 변함없이 튼튼했습니다. 그래서 페셰와 연결된 분들이 환경을 위해 플로깅, 비치클린을 하는 경우, 사용 권장 차원에서 조금 수고스러워도 직접 마대를 제공하게 되었어요. 인스타그램에서 택배 신청이 가능하고, 페셰의 디자인 스튜디오 겸 쇼룸에 들러 직접 마대를 수령할 수도 있습니다.

#SleepingGiant_ 버려지는 것들의 재탄생 프로젝트

'중고 제품을 사고 그것을 가능한 한 오래 사용하는 것은 당신이 할 수 있는 가장 책임감 있는 행동이다.' 《파타고니아: 파도가 칠 때는 서핑을》이라는 책에 담긴 구절입니다. 페셰는 재사용을 강조하는 브랜드이고, 저 또한 구매하고 싶은 것이 있을 때 가장 먼저 중고 판매 플랫폼의 검색을 거쳐요. SLEEPING GIANT는 한번 제 기능을 다하고 버려질 위기에 처한 자원을 새로운 쓰임으로 재탄생시키는 업사이클링 프로젝트입니다. 업사이클 제품은 '기술'이 중요하게 여겨지는데, 기후위기 시대를 사는 우리에게 그보다 중요한 것은 '의식'이라고 생각해요. 디자인 역시 제품의 껍데기 이면에 존재하는 사회 문제와 현상, 인간 삶에 대한 해석과 성찰이 전제되어야 합니다. 단순히 기술을 이용해 재활용(Recycle)하는 것을 넘어, 기능을 만들고 상징을 부여해 인간과 자연 전체에 도움이 되면 좋겠어요.

주로 일상에서 필요를 느낀 물건을 만드는데, 자투리 아크릴을 활용한 치약짜개 MOBYDICK, 버려지는 서핑 슈트로 만든 Hang Five 파우치(생활 방수 가능), Line-up 키홀더 등이 대표적이고 최근 펀딩을 통해 선보인 Billi Bag도 있어요. 어느 날 중고 판매 플랫폼에서 '당구다이 천', '이삿짐용 깔판'이라고 쓰인 판매 글을 보게 된 거죠. 최초의 플라스틱 탄생이 당구공에서 비롯되었다는 내용이 떠올랐고, 당구대 원단도 소모품이니 버려지는 것을 활용하면 상징적인 제품이 될 거란 생각에 가방을 만들었어요.

Hang Five Pouch

바다에서 많은 시간을 보내는 서퍼들. 서퍼를 지키는 웻슈트는 결국 어떻게 될까요? 오랜 시간 함께했기에 버리기도 아쉽고 어떻게 버려지는지도 우리는 알 수 없습니다. 서핑 슈트는 네오프렌이라는 소재로 만들어집니다. 네오프렌은 석유를 기반으로 만든 합성고무입니다. 만들 때와 버려질 때 모두 지구에 부담을 줍니다. 그렇기에 이 소재를 한 번 더 활용하고, 폐기물이 나오지 않게 하는 것은 자연에서 서핑을 즐기는 우리들의 숙제입니다. 한때 서퍼를 지키던 웻슈트는 이제 HANG FIVE 파우치가 되어 모든 이들의 물건과 일상을 지킬 것입니다.

Line-up Keyholder

라인업 키 홀더는 서퍼들이 해져서 버리는 서핑 슈트로 제작되었습니다. 키 홀더는 열쇠 여러 개를 한 고리에 모아두는 용도의 제품으로, 허리춤이나 가방에 걸고 업사이클의 의미와 스타일에 감각을 더할 수 있습니다.

Billi Bag

14세기에는 나무로, 17세기에는 코끼리 상아로 당구공을 만들었습니다. 그리고 1907년, 최초의 플라스틱 당구공이 탄생했습니다. 2023년, 주위를 둘러보세요. 손만 뻗으면 언제든 어디서든 플라스틱을 만질 수 있습니다. 하지만 플라스틱은 잘게 부서질 수는 있지만 영원히 없어지지 않습니다. 플라스틱이 당시 코끼리 멸종은 막았지만 이제는 육지와 바다를 가리지 않고 떠돌면서 모든 생명을 위협합니다. 이들의 마지막 종착지는 우리 몸 속입니다. 가방을 볼 때, 들 때마다 플라스틱을 탄생하게 했던 그 테이블과 당구공으로 시작된 세상의 풍요와 오염에 대해 한 번 더 생각해볼 수 있기를 바랍니다.

바닷속 물질이 행복한, 요즘 해녀

해녀 강혜리와 인턴 해녀 인올리비아

지난해 말 집계한 제주의 현직 해녀는 3,226명. 제주 여성의 전통
생활방식으로 인정받고 유네스코 인류무형문화유산에 등재되기도 한
제주 해녀는 문화적 가치와 보전의 필요성이 크지만 매년 활동자 수가
줄고 있는 현실이다. 그럼에도 언제부턴가, MZ세대 사이에서는 청년
해녀의 삶이 동경의 대상이다. 그들이 SNS를 통해 보여주는 바닷속
물질의 모습은 미지의 세계를 경험하고 싶은 호기심을 불러일으키고,
기계 장치 없이 바닷속에 들어가 해산물을 채취하는 자연친화적 작업
또한 젊은 층의 가치관에 제대로 부합하는 듯하다. 올가을 인턴 해녀가
된 작가 인올리비아 그리고 7년 차 하효 해녀 강혜리는 제주 바닷속에서
일하는 청년 해녀다. 물질과 작가로, 전혀 다른 일상을 살던 두 사람은
해녀 문화로 인연 맺은 이래 서로에게 든든한 친구가 되었다. 조금 특별한
삶에 도전한 두 사람은 어떤 바다와 만나고 있을까.

@dong_uki

#해녀강혜리_바다가 받아주는 순간을 즐기는 삶

저는 서귀포시 하효에서 활동하는 7년 차 해녀입니다. 육지에서 카페를 운영하다가 제주로 온 이유는 '여행한 제주가 너무 좋아서'
였어요. 바닷속에서 일을 한다는 생각을 해본 적도 없었고요. 그런데 제주에 함께 온 언니가 법환해녀학교에 같이 다녀보자며 권유를
했고, 결국 학교를 졸업한 뒤 하효 마을 해녀가 되었답니다.

물질을 시작하고 처음 일 년간은 매일 같은 생각을 했습니다. '이게 맞는 일인가, 너무 힘든데 오늘은 꼭 그만둔다고 말해야지'. 그런데
시간이 지나면서 문득 또 다른 생각이 들었어요. '나이 많은 해녀 이모들도 하는데 내가 이걸 못할까?' 이후로 지금까지 물질을 하고
있어요. 아직까지도 가끔 힘들 때가 있지만 그 보상을 받는 듯한 감동의 순간이 따르기도 합니다. 어느 겨울엔가 물질을 하던 도중 너무
추워서 내가 이 겨울에, 이 찬 바다에서 뭐 하는 거지, 생각하며 지쳐 있었어요. 그 순간 갑자기 눈이 펑펑 오기 시작했는데, 그게 너무
아름다운 거예요. 바다에서 눈 내린 한라산을 바라보며 내가 언제 이런 진풍경을 여유롭게 바라본 적이 있었나 하고 감동했죠. 이내
추운 것도 잊은 채 넋 놓고 한참을 감상했어요.

해녀 생활 초기에는 상군 해녀 삼촌들과 함께 작업하는 과정에서 얻은 지식과 지혜가 큰 도움이 되었어요. 그런데 중급 해녀가 된
이후로도 삼촌들은 항상 '이 힘든 일 그만해라. 한 살이라도 어릴 때 다른 일 찾아 해라.' 말씀하십니다. 하지만 우연히 육지로 '출가
물질'을 가 만난 마라도 해녀분의 조언은 확실한 제 삶의 이정표가 되었어요. '물질은 힘들지만 노력한 만큼 더 성장할 수 있다.'

물질 생활은 알고 보면 꽤 까다로워요. 금어기를 지켜야 하는 것은 물론이고 변덕 심한 제주 바다 날씨 때문에 입수 못 하는 날이
많기도 하거든요. 바다가 받아줘야 가능한 일이고 보통 한 달에 10~15번 정도 바다에 나갑니다. 그래서 물질 이외의 시간 동안 할 수
있는 활동을 다양하게 하고 있어요. 해녀 전통의상인 '물소중이' 대여 숍을 운영하는데, 직접 입어보면 해녀 문화와 역사를 이해하는
데 도움될 거란 생각 때문입니다. 수중촬영이나 대역 의뢰도 많은 편인데, 이런 일은 물질이 없는 '금채기'에만 수락하고 있어요.

올여름에는 제주 해양 정화 프로젝트인 줍젠 행사에서 요청을 받아 참여했고요. 단, 물질 할 수 있는 시기에는 오로지 해녀 본업에만
집중하고 있습니다.

©oliwia__in

#인올리비아_이유 있는 해녀 도전기

2022년 2월 제주에 입도했고 한국 생활은 15년 차입니다. 작가이자 시인으로 활동하고 있고, 올가을에 법환해녀학교를 졸업한
뒤 인턴 해녀 과정까지 밟았습니다. 고국 폴란드에서 예술사를 전공하다가, 한국에서 살아보고 싶은 마음에 타 대학 한국어과에
입학했어요. 정부 초청 장학생으로 한국에 와, 연세대 의류환경학과를 졸업한 뒤로 대기업에서 6년 넘게 글로벌 사이트 운영 매니저로
일했고요. 일상의 스트레스를 풀기 위해 자주 찾은 곳이 제주도였는데, 번아웃으로 직장을 그만둔 시점에 삶의 변화를 가져보고자
남편과 함께 제주로 내려왔습니다. 제주에 오자마자 출판사를 차리고 책을 만들었어요. 예전 여행 중에 구상한 해녀의 낭만 러브
스토리를 소설로 집필하고 싶었거든요. 먼저 폴란드에서《Koreańska Syrena(한국의 인어)》라는 책을 출간했고, 전 세계 독자에게
제주 해녀를 알리고 싶은 마음이 커져 영문판《Haemi: 해녀 해미》도 만들었습니다.
해녀 문화에서 느낀 매력은 '직접 되어보자'는 의지로 이어졌습니다. 필연과도 같은 시작은 마을회관에서 운영하는 제주 민요
수업이었어요. '서귀포칠십리축제' 때 수업 참가자 삼촌들과 중문마을 대표로 퍼레이드에 참여해 전통 해녀복을 입고 2km쯤 되는
거리를 춤추며 행진했지요. 그때 같이 춤추던 해녀 회장님이 '내 제자'라고 소개했고, 그때부터 '해녀가 되어볼까.' 하는 도전 정신이
생겼답니다. 그즈음 친해진 해녀 해리의 권유로 법환해녀학교에 입학하게 되었어요. 원래 바다와 친하지 않았던 저는 잠수 방법을
배워도 컨디션에 따라 제대로 물에 들어가질 못할 때가 있고 입수 깊이에 따라 귀가 아픈 정도가 다르고, 숨 역시 잘 참거나 못 참는
날이 있다는 걸 깨달았어요. 바다에선 변동 사항이 너무 많으니 당황하지 말고 안전을 최우선으로 생각하는 게 중요하다는 사실도요.
아직 선배 해녀들이 느끼는 특별한 감동을 이야기할 수 없지만, 단지 짧은 교육 기간임에도 제주 바다의 아름다움과 오염 상태를
동시에 느꼈다고 생각해요.
부지런히 노력하면 아마도 1년 후의 어느 날, 제주 해녀 자격증을 얻어 정식 해녀가 될 것 같아요. 그 순간을 상상하면서 다짐하고
고민하는 게 있습니다. '해녀의 삶을 담은' 단편소설 그리고 어르신 해녀를 도울 수 있는 사업 방안, 즉 은퇴한 전직 해녀분들의 생계,
너무 늦은 나이까지 물질하는 상황에 제가 운영하는 출판사가 조금이나마 도움을 주는 것입니다.

#work_바닷속에서 일하는 삶

강혜리   해녀는 산소공급장치 없이 바다에 들어가 잠수하며 수산물을 채취하는 직업이에요. 보통 10미터 깊이의 바닷속에서 일하는데 여름철엔 하루 6~7시간, 겨울에는 4~5시간 정도 일하고요, 금어기가 있어서 한 해에 90일 정도 물질을 합니다. 물질은 때로 생명을 걸어야 하는 일이어서, 물속에서 닥칠 위험을 예방하고 물질 경험과 지식을 전수받아야 해요. 그래서 공동체 문화가 발달한 거고요. 물질 경력과 실력을 기준으로 상, 중, 하군의 집단으로 나뉘는데, 오랜 경력을 지닌 상군 해녀가 해녀회를 이끌어가요. 중, 하군 해녀는 상군 선배에게서 해녀 문화에 관한 지식과 공동체에 대한 책임감을 배우게 됩니다. 단지 일로서는 역할과 책임이 철저하지만, 사실 일상에선 동네 언니, 가족처럼 지내고 있답니다.

해녀는 저승에서 벌어 이승에서 쓴다는 말이 있습니다. 아름답고 환상적으로 보이지만 실제로는 매우 힘들고 고된 일이에요. 바다에서 기본 4~6시간 이상 작업하면서 숨을 참아가며 해산물을 채취해야 하니까요. 수확량에 따라 수입도 다르고 바다 상황에 따라 한 달 내내 일을 못할 때도 많고요. 처음 물질을 할 때도 힘들었지만 지금도 여전히 자연이라는 근무지에서 일한다는 게 내 마음 같지 않고 어렵기도 해요.

인올리비아   바다는 안다고 생각해도 모르는 공간인데, 특히 저 같은 초보자에겐 여전히 낯선 곳이기도 합니다. 너울이 심하면 생명줄인 테왁이 떠내려갈까 봐 무섭고 멀미하는 사람도 있어요. 또 잔잔해 보이는 바다도 물살이 심해서, 이 때문에 얕고 가까운 바다에 들어가는 것조차 힘들 수 있고요. 바닷속의 시야가 좋지 않아 잠수할 때 어디까지 내려가야 할지도 모르는데 중간에 귀가 아파서 나오기도 합니다. 현직 해녀들은 자기 바다를 어느 정도 알지만 예측할 수 없는 게 자연이니 언제나 욕심을 부리지 말라고 조언하세요.

#바다 환경_그 많던 해산물은 어디 갔을까

강혜리 처음 물질을 시작한 7년 전만 해도 미역 작업을 해서 판매를 했어요. 그런데 2년 전부턴 저희 동네 바다에서 미역을 찾아볼 수가 없고요, 파란고리문어처럼 독성을 지닌 열대 해양생물이 발견되고 있습니다. 현재 바다의 수온 상승으로 인해 감태, 미역 같은 해조류가 사라지고 있어요. 특히 제주 바다는 점점 열대 바다처럼 변화하면서 어종에도 많은 변화가 생기고 있어요. 해조류가 사라지면 해녀의 주 수입원인 뿔소라, 전복의 먹이도 사라지게 되고, 자연스럽게 해녀가 일하는 환경도 사라져 생계에 큰 영향을 미치게 됩니다. 실제로 제주 해녀 수도 많이 줄었어요. 제가 듣기로 1970년대 경에는 15,000명 정도였다고 하는데, 작년 말 제주도가 발표한 집계 내용을 보면, 현직 해녀가 3,226명, 전직 해녀(어촌계원에 등록된 해녀) 5,019명으로 모두 8,245명이었습니다. 전직 해녀는 해마다 조금씩 느는 반면에 현직 해녀는 좀 더 큰 폭으로 줄고 있어요. 현재 제주의 젊은 해녀(40대 이하)는 200명 정도로, 20대 초반의 젊은 해녀도 조금씩 늘고 있기는 합니다.

인올리비아 제 경우는 이제 2년 정도를 지내고 있어서 큰 체감은 못 했어요. 하지만 해녀분들 말에 의하면 수온이 많이 높아져서 열대 바다에 가까워지고 있다고 합니다. 새로운 해산물 품종들이 생기는 반면에 기존에 채취하던 해산물들은 점점 사라져간답니다. 그런데 이런 문제에 대한 부분은 사실 정부가 동참해야 한다고 생각합니다. 바다쓰레기는 해외에서 흘러드는 양이 방대하고, 어업 활동으로 인한 쓰레기가 엄청나지만 이를 규제할 방법이 없기도 하고요. 그럼에도 우리가 생활 쓰레기 줄이기에 동참하고 작은 실천을 지킨다면 언젠가는 도움이 될 거라 믿어요. 저 역시 매일 집에서 버리는 플라스틱 쓰레기를 볼 때마다 절로 한숨이 나온답니다. 또 하나는, 자연산 해산물에 대한 사람들의 관심이 커지고 해녀 문화를 보존하고자 하는 분위기가 확산하면 좋겠다는 점입니다. 자연산 해산물 대신 값싼 양식 해산물을 먹게 되면 당연히 해녀라는 직업도 점차 사라질 거예요. 지금도 해녀의 소득이 많이 줄어서 물질만으로 생계를 유지하는 것이 거의 어렵다고 봐야 합니다.

물고기와 기후변화를 기록하다

물고기반 김상길

물고기반은 제주 바다를 사랑하는 마음으로 연대를 형성하고 바닷속
생태 변화를 관찰, 기록해 세상에 알리는 모임이다. 물고기를 기록하는
시민 과학자로 활동하는 스쿠버다이빙 전문가, 물고기반 김상길 대표를
만나보았다. 아름답게만 각인되어온 제주 바다의 생태계는 그동안
어떻게 변화한 상태일까.

사진 제공 물고기반

#formation_ 모임의 결성

저는 1993년 스쿠버다이빙을 시작해 이제 30년 차가 되었고, 제주도에는 다이빙 숍을 열기 위해 2002년에 내려왔습니다. 현재는 '굿다이버'라는 숍을 운영 중으로, 체험 스쿠버다이빙, 오픈워터 및 연속 교육, 각종 스페셜티 교육 그리고 스쿠버다이빙 강사 교육까지 진행하고 있습니다. PADI(1966년 설립된 국제적인 스쿠버다이빙 교육 전문 단체) 5 Star IDC(Instructor Development Centre) 인증 센터로, 레크레이션 다이빙은 물론 연구와 조사 다이빙도 겸하고요, 최근에는 물고기를 좋아하는 회원들과 함께 물고기반을 만들어 제주 바닷물고기를 기록하는 활동도 하고 있습니다.

물고기반은 제주 서귀포 섶섬 앞바다에서 바닷속 생태 변화를 기록하는 민간단체입니다. 2021년부터 활동을 시작했어요. 물고기를 좋아하는 사람끼리 모여 매달 2~3일씩 잠수하면서 어종 변화와 개체 수를 기록합니다. 2015년 무렵 환경부 국립생물자원관 김병직 박사님과 어류 조사를 했던 게 인연이 되었는데, 당시 제주 바닷물고기를 아카이빙하고 변화상을 조사하는 게 목적이었어요. 그런데 한두 해 이어가다 보니 넓은 제주 바다를 소수의 연구자가 지속적으로 조사하는 데에 한계를 느꼈고, 서귀포 지역에 물고기 조사팀을 만들면 좋겠다는 이야기가 나왔어요. 이를 계기로 제주 바닷물고기에 관심 있는 사람들이 모이게 되었고 지금까지 서귀포 바닷속 어종을 기록하는 작업을 함께하는 중이에요. 현재는 박사님을 중심으로 강사, 일반인 포함 42명이 활동하고 있습니다.

#howto_ 바닷속 조사와 기록

매달 둘째 주 토, 일요일(여름부터 가을까지는 금요일 저녁부터 시작)에 모여서 조사를 합니다. 우선 제가 제일 먼저 입수를 해요. 10m 정도의 수심에 줄자를 이용해서 직선으로 50m의 조사 구역 라인을 칩니다. 기준선 좌우로 5m 내에 살고 있는 물고기를 기록하고 수중 카메라로 물고기를 촬영하며 조사하는 방식이죠. 아직 물고기 이름을 잘 모르는 망둑어반은 물고기 이름을 알아가는 것에 집중하고, 자리돔반이나 놀래기반처럼 1년이 넘은 분들은 물고기 개체 수를 기록합니다. 이틀간의 조사를 마치면 일요일 오후에 센터에 모여 각자 찍은 사진을 공유해요. 물고기 이름을 외우고 잘 모르는 물고기는 박사님께 보여드린 뒤 이름을 알게 되기도 하고요. 또 한국 이름이 없는 물고기들은 국내 미기록종(다른 나라에서 서식이 확인되었으나 국내에서 처음 발견된 생물)이므로, 이후로 더 주의 깊게 관찰하게 됩니다. 팀원들이 흥미롭다고 생각한 어종의 경우 사진을 찍어 본인 감상을 더하고, 여기에 박사님의 정보를 덧붙여 뉴스레터를 발행하고 있어요. 현재 77호까지 발행되었는데, 100호까지는 일주일에 한 번씩 진행할 계획이에요.
오랜 시간 진행해오면서 물고기에 관한 기록 방식에도 변화가 있었습니다. 그동안은 작업을 시작하면서 기준선을 만들고 난 뒤 바로 물고기 기록과 사진 촬영을 해왔는데요. 최근에는 기준선을 중심으로 동영상 촬영을 해서, 계절별로 환경이 바뀌는 상황에서의 어종 변화와 개체 수의 변화까지 함께 기록하고 있습니다.

#ecosystemchange_ 토종 물고기가 사라져가는 바다

20여 년 전 제주에 내려왔을 때는 바닷속의 시야도 좋았고 겨울철에는 모자반들이 너무 많아서 헤치면서 다이빙을 했어요. 그런데 이제는 이곳 서귀포에서 모자반을 거의 찾아보기 힘들어요. 일년 내내 바위 위에 먼지 같은 부유물들이 쌓여 있는 것을 보아도 바닷속 환경이 매우 좋지 않은 것을 직감할 수 있습니다. 수온의 변화도 커요. 예년에는 2~4월의 수온이 14도까지 내려갔지만 몇 년째 15도 아래로 내려가지 않고 있거든요. 물고기의 종수가 확실히 늘어나기는 했어도, 예년에 자주 보였던 토종 물고기들은 아예 보이지 않기도 합니다.
수온 상승으로 환경이 달라지면서, 관찰되는 해양생물종도 크게 변했습니다. 일반적으로 수온이 올라가면서 새로운 종이 발견되기도 하고, 수온이 내려가면서 사라지는 종도 있습니다. 물고기반 활동을 통해 그동안 30여 종 이상의 국내 미기록종을 발견해왔어요. 그런가 하면 모자반 같은 해조류가 사라짐에 따라 여기에 공생하던 물고기 같은 경우는 살 곳을 잃게 되었죠. 또 겨울철 수온이 예전처럼 내려가지 않는 문제와 함께, 수온이 올랐다가 내려가면서 사라져야 하는 물고기들까지 살아 남게 되면서 먹이사슬에도 적지 않은 영향을 미치고 있다고 봅니다. 지난 8월과 이번 9월 조사에서 특이한 점을 발견했는데요, 그동안 꾸준히 관찰했던 양볼락과 볼락이 더 이상 보이지 않는다는 것입니다. 이유를 살펴봐야 할 부분이에요.
어종의 변화와 함께 심각한 문제는 바로 해조류의 대량 소멸 현상, 즉 제주 바다의 사막화입니다. 수온이 오르면서 여름뿐 아니라 겨울 바다의 모습도 변화하고 있어요. 본래 겨울철이면 서귀포 바닷속에서 모자반이 빽빽하게 자랐어요. 입수하면 마치 정글처럼 이뤄진 모자반을 숲을 헤치듯 칼로 자르며 다니기도 했죠. 그런데 최근에는 드문드문 보일 정도고 다른 해조류 역시 현저히 줄어들었어요. 앞서 말한 것처럼 감태나 미역 종류들 위에는 항상 먼지 같은 것들이 앉아 있고요. 깨끗하고 아름다운 바닷속 풍경을 보는 날이 이제는 손에 꼽을 정도임을 체감합니다. 물론 수온 상승과 연관이 크다고 봅니다만 이 부분은 전문가들이 연구하고 있겠죠.

#other problems_ 또 다른 변화들

해조류가 사라지면서 이를 먹이로 삼는 어패류도 줄었는데, 해녀분들 이야기를 들어봐도 예전보다 수확량이 많이 줄었다고 합니다. 9~10월이면 더 많은 아열대 물고기가 찾아올 수 있어요. 섶섬이 있는 서귀포시 보목동 앞바다의 표층 수온은 최근 3년간 15도 이하로 떨어지지 않고 있는 상황이거든요.

해조류가 사라지면서 석회조류가 하얗게 뒤덮는 암반 백화현상도 심각해졌어요. 예전에 제주시 쪽 지역을 조사했을 때 갯녹음 현상이 심각한 모습을 보았습니다. 아직 서귀포 바다는 그 정도까지는 아니지만, 톳과 모자반, 감태, 미역 등 해조류의 양이 점점 줄어들고 있으니 바다 숲이 다 사라지고 나면 그 속도도 빨라지지 않을까 싶어요. 한편으로, 갯녹음 문제를 해결하기 위해 정부에서 매년 막대한 비용을 들여 '바다 숲 조성 사업'을 추진한다는 이야기를 들었어요. 그런데 (제가 알기로) 해조류의 '이식 사업'은 효과가 일시적이라고 합니다. 1년 정도 지나 확인하면 이식한 해조류가 죽어 있다고요. 이건 제주뿐 아니라 다른 지역도 마찬가지인 것 같아요. 반면에 열대, 아열대성 산호 종류는 빠르게 확산하고 있어요. 현재 제주 바다의 산호는 풍성합니다. 예전보다 개체 수가 많이 늘었는데, 특히 아열대성 돌산호류(거품돌산호, 빛단풍돌산호 등)가 빠르게 늘고 있는 것도 사실입니다. 단지 문제라고 한다면, 터전을 쉽게 옮기지 못하는 토종 부착생물들은 서식지를 잃고 있다는 것이죠. 그래서 제주 바다를 살리려면, 차라리 제주 바다를 아열대 바다로 인정하고 열대/아열대 경산호류와 공생하는 생물 조성 사업을 하는 게 더 낫다는 의견이 나오기도 한다고 들었습니다.

#action_ 수중 정화 활동

항, 포구 같은 곳은 개개인이 건져올 수 없을 만큼 많은 양의 쓰레기들이 있어요. 바닥이 뻘로 이뤄져 있으니, 손으로 건져낼 수 없는 것들도 워낙 많은 편입니다. 오히려 다이빙 포인트는 깨끗해요. 다이버들이 활동 중에 쓰레기가 보이면 건져 나오기 때문이죠. 잘 보이지 않는 낚싯줄 같은 것들이 산호에 엉켜 있는 모습도 종종 보게 됩니다. 그래서 물고기반도 제주도에 있는 협회, 수중레저협회나 수중핀수영협회 등 크고 작은 기관에서 개최하는 수중정화 활동에 참여하고 있습니다. 보통 한 번 모이면 2회 다이빙을 진행하는데, 협회 크기에 따라 50~300명 정도가 참여해요. 그리고 조사 구역 근처의 쓰레기를 주운 뒤 어떤 종류의 쓰레기가 나오는지 기록하는 활동도 합니다. 현재는 혼자서 진행하고 있지만, 기록 방법을 정리해서 팀원들과 공유할 생각이에요.
지금이라도 바다에 대한 관심을 가지고 각자의 위치에서 어떤 것을 할 수 있는지를 생각해봐야 할 것 같습니다. 한 번에 확 바뀌지는 않겠지만 서서히 좋아지지 않을까요? 다이버의 입장에서는 수중에서 쓰레기를 주워오는 것도 큰 몫을 하지만, 결국은 육지에 있는 쓰레기가 흘러 들어가는 것이 근본 문제인 만큼 쓰레기를 아무 곳에나 버리지 않는 것이 더 중요하다고 생각합니다.

#plan_ 활동 계획

활동하는 동안 도감 제작이나 수중 해설사 프로그램 등을 계획해왔어요. 도감 만들기를 위한 밑거름으로, 그동안 팀원들과 조사한 자료를 활용해 제주 섶섬의 바다물고기 No.1인 놀래기과 어류 포스터를 만들어보았습니다. 다음으로 자락돔과 어류, 망둑어과 어류 등, 하나씩 만들어가면 다이버를 위한 도감이 내년쯤 완성되지 않을까 생각해요. 또, 수중해설사 프로그램을 위한 준비 작업으로 지난 9월의 생태체험주간에 행사를 열었어요. 물고기반 팀원이 체험 스쿠버다이빙을 진행하면서 물속에서 물고기 이름과 특징을 알려주는 내용이었는데 반응이 아주 좋았습니다. 지난 3월에는 강원도 양양에서도 물고기반이 만들어졌는데요, 전국 곳곳에서 물고기반이 활동한다면 전국 동시 센서스가 가능해지지 않을까 기대해봅니다. 언젠가는 물고기 학교를 만들어서 어릴 때부터 물고기와 친해질 수 있는 기회를 제공하고 싶습니다.

9월부터 2024년 2월까지

지구를 위해
기억해야 하는 날

우리가 잘 몰랐던 환경과 관련된 날을 기억하는 것이야말로
폭염과 한파, 미세먼지 등 기후위기에 맞서는 첫걸음 아닐까?
9월부터 2024년 2월까지 우리가 기억해야 하는 날을 정리해본다.

참고 도서 달력으로 배우는 지구환경 수업(최원형 지음 | 블랙피쉬),
열두 달 환경달력(임정은 글 | 길벗스쿨)

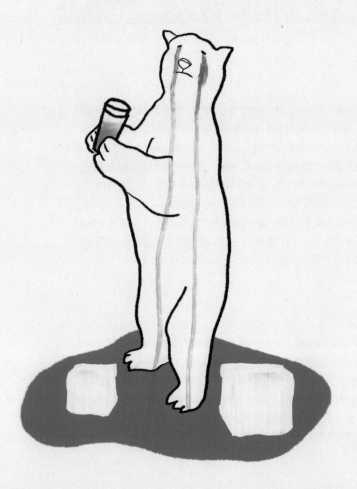

9/16

세계 오존층 보호의 날

오존층을 보호하기 위해 제정된 세계의 기념일.
1994년 제49차 유엔총회에서는 '몬트리올
의정서'가 채택된 1987년 9월 16일을 기념하기
위해 '세계 오존층 보호의 날'로 지정했다. 유엔에
속한 모든 회원국이 이날을 기념하고 오존층
보호를 위해 꾸준히 노력하자는 뜻이 담겨 있다.
매년 9월 16일이 되면 전 세계의 환경 관련
기관 및 단체들이 다양한 오존층 보호 캠페인을
벌이고 있다.

이날 우리는?
- ✕ 냉동식품 소비 줄이기
- ✕ 일회용 제품 사용 줄이기
- ✕ 전기와 물 절약하기
- ✕ 친환경 제품 사용하기

9/22

세계 자동차 없는 날

1970년대 세계 여러 나라에서 석유 위기를
맞으면서 자동차 운행을 일시적으로 중단하거나
금지하는 행사가 만들어졌다. 이 행사가 환경
보호와 에너지 절약 정신에 초점이 맞춰지면서
1995년 영국, 프랑스, 아이슬란드의 여러 도시를
시작으로 자동차 없는 날 행사가 열렸고 현재
대기오염, 교통문제, 에너지를 함께 생각하는
환경운동으로 매년 세계의 여러 도시에서 1억
명 이상이 참여하고 있다. 대중교통·긴급차량·
생계형 차량을 제외한 자가용 운전자들이
자발적으로 자가용 운행을 줄임으로써 이를
통해 대기오염·소음·교통체증을 줄이는 게 목표.
이날만큼은 대중교통을 타거나 가까운 거리는
걷는 게 어떨까?

이날 우리는?
- ✕ 자가용 대신 버스나 지하철 이용하기
- ✕ 가까운 거리는 걸어서 출퇴근, 등하교

10/1

세계 채식인의 날

채식의 장점을 알리고 채식에 대한 인식을 높여 보다 많은 사람이 채식을 하도록 장려하기 위해 2005년 국제 채식인 연맹이 제정한 날. 이 날은 단순히 먹는 것에만 그치는 것이 아니라 먹고 입고 살아가는 모든 생활에서 생명을 존중하고 환경을 보호하기 위해 단 하루만이라도 채식을 하자는 의미다.

이날 우리는?
✕ 하루는 채식으로 식단 꾸미기
✕ 일주일에 하루 고기 없는 날 실천하기

10/4

세계 동물의 날

10/16

세계 식량의 날

전 세계의 식량 문제에 대한 경각심을 높이고, 국제사회의 관심을 촉구하기 위해 '유엔식량농업기구(FAO)'가 1979년에 제정한 날이다. 유엔식량농업기구는 물자가 풍부한 지역의 식량을 모아 기아와 빈곤에 시달리는 지역에 나눠주는 역할을 주로 하고 있다. 지구에서 생산되는 먹거리의 3분의 1이 버려진다. 그리고 버려진 음식물 쓰레기에서 나오는 온실가스는 무려 전체 온실가스 배출량의 8%나 된다. 음식물 쓰레기를 줄이고 그 비용 일부를 배고픈 사람들 돕는 데 쓰면 얼마나 좋을까? 이런 과정에서 온실가스도 줄일 수 있으니 일석이조인 셈.

이날 우리는?
✕ 로컬푸드 이용하기
✕ 요리하는 양 줄이기
✕ 음식 대량 구매하지 않기
✕ 매년 식량의 날에 실시하는 스탑 헝거 캠페인 참여하기

10/21

세계 지렁이의 날

10/31

세계 도시의 날

11/26

11월 넷째 주 금요일 아무것도 사지 않는 날

추수 감사절 다음 날은 블랙 프라이데이기도 하지만 아무도 사지 않는 날이기도 하다. 이날은 1992년 캐나다의 테드 데이브라는 광고인이 자신이 만든 광고 때문에 사람들이 끊임없이 뭔가를 소비하는 모습에 대한 자각에서 만든 날로, 환경오염, 불공정 거래, 노동 문제 등 소비로 인한 문제에 대해 전 세계인의 관심을 끌어내기 위해 하루 동안 소비를 하지 않는다. 현대인의 생활 습관과 소비행태를 반성하는 캠페인이다.

이날 우리는?
✕ 사은품도 꼭 필요한 게 아니라면 거절하기
✕ 나의 소비 습관을 살펴보고 반성하기
✕ 쓰레기 배출 줄이기
✕ 재사용이 가능한 물건 체크하기
✕ 안 입는 옷은 친구들과 나눠 입기

12/5

세계 토양의 날

12/11

국제 산의 날

산은 생물 다양성의 보고일뿐 아니라 인류 절반에게 담수를 제공할 만큼 인류 생존에 중요한 존재다. 산의 이런 가치와 중요성을 널리 알리고 산을 보호하자는 취지로 UN이 제정한 국제 산의 날. 매년 이날에는 유엔 산하 식량농업기구가 산림보전을 위한 주제를 정하고 이에 맞는 행사를 하고 있다. 우리나라도 유엔이 2002년을 '국제 산의 해'로 선언한 것을 계기로, 매년 10월 18일을 '산의 날'로 제정해 다양한 행사를 진행하고 있다.

이날 우리는?
✕ 산에 갈 때 쓰레기 남기지 않기
✕ 우리나라 세계생물권보존구역을 알아보고 어떤 생물들이 서식하는지 알아보기
✕ 물티슈 쓰지 않기

2/2

세계 습지의 날

습지는 지구 표면의 6%에 불과하지만 지구 생물종의 40%가 살고 있는 생태계의 보고다. 오염원을 정화하고 비가 오면 저수지 역할을 해 홍수와 가뭄을 조절하는 중요한 역할도 한다. 이런 습지를 보전하고 가치의 중요성을 인식시키기 위한 노력의 하나로 매년 2월 2일은 세계 습지의 날로 지정되어 있다. 내가 사는 지역에 습지가 있는지 그리고 있다면 그곳을 방문해보는 것도 좋다. 습지에 찾아오는 동물을 관찰하고 습지의 역할을 알리는 것도 습지를 보존하는 소중한 일이지 않을까?

2/27

북극곰의 날

국제 학술지 '네이처 기후변화'는 이대로 기후 변화에 적극 대응하지 않고 방치할 경우 오는 2100년에는 지구상에서 북극곰이 사라질지도 모른다고 경고하기도. 2월 27일은 지구 온난화로 멸종위기에 처한 국제 북극곰의 날이다. 지금이라도 우리가 관심을 가지고 지켜보는 자세가 필요하지는 않을까?

환경 행동을 함께하는 꾸준한 동반자

텀블러 이야기

요즘은 어딜 가든 개인 텀블러 사용자를 쉽게 만난다. 텀블러 사용은 탄소배출 저감 효과는 물론이고
'일상 환경 활동을 함께한다'는 상징성으로도 큰 의미가 담긴 행동이지만 여전히 '친환경적인가'라는
의문도 계속된다. 반려 텀블러와의 환경적 공생에 도움 되는 상식을 모아보았다.

정리 김윤선

텀블러, TUMBLER 영어 tumbler의 어원에 대해서는 '둥근 바닥 기원설'과 '두툼한 바닥 기원설'이 있다. 전자는 바닥이 뾰족하고 볼록한 잔을 테이블에 세우면 넘어지기 때문에(tumbler) 이름 붙인 것이고(잔을 든 사람의 원샷을 의도), 후자는 편평하고 두꺼운 바닥이 넘어지는 것을 방지한다는 의미를 지녔다. 우리에게 익숙한 의미는 표준국어대사전에서 언급한, 굽(기둥)과 손잡이가 없고 바닥이 납작한 큰 잔 형태일 것이다. 한편 위키피디아의 설명에 의하면 플라스틱, 유리, 스테인리스 스틸 등의 소재로 만든 것인데, 과거에는 주로 유리로 만들어지던 것이 '인도산 철제 음료 용기' 형태를 거쳐 현재의 특징, 즉 뚜껑이 있고 단열 기능을 갖춘 용기 모양을 갖추게 된 것으로 보인다.

텀블러와 보온병의 차이는 보온병이 '둥근 통에 내용물을 담아 일정한 온도를 유지하도록 만들어진 병'이라면, 텀블러는 비교적 얇은 원통형 형태를 지닌 '다회성 물통'이다. 플라스틱 소재가 일반적이던 텀블러가 최근 들어 보온·보랭 기능을 위해 스틸 소재를 상용화하면서 최근에는 두 단어를 같은 의미로 사용하는 경우가 많다. 정확한 차이를 따져보면, 보온병은 뜨거운 온도를 유지하기 위한 용기인 만큼 입구에 입을 대고 마시면 화상의 위험이 있다. 주기능이 음료를 붓는 것이어서 대부분 제품에는 별도 컵이 달려 있다. 반면, 텀블러의 경우는 뚜껑을 열어 바로 음료를 바로 마실 수 있다. 텀블러 뚜껑은 슬라이드 및 레버형, 원터치, 스윙형 등 다양한 종류가 있다.

친환경적 시비, 무엇이 문제인가 우선은 플라스틱 텀블러(다회용 컵) 1개가 지닌 친환경적인 경제적 가치는 50번 이상 이용할 때 발생한다는 문제다. 비영리 민간 연구소 기후변화행동연구소는 지난 2019년 일회용 컵과 텀블러의 제작, 사용, 폐기의 모든 과정에서 배출되는 온실가스 양을 측정해보았다. 300mL 용량의 텀블러와 카페에서 상용화된 일회용 플라스틱 컵 그리고 종이컵의 소재를 분석하고 무게를 잰 뒤, 소재별 탄소배출계수를 적용해 계산한 것이다. 결과는 텀블러의 온실가스 배출량이 종이컵보다 24배, 일회용 플라스틱 컵보다 13배 높은 수치였다. 텀블러의 온실가스 배출 문제는 스테인리스와 실리콘, 폴리프로필렌 등의 소재와 함께, 세척(매번의 설거지)과 폐기 과정에서 발생하는 온실가스로 인해 배출 총량이 늘어나는 데 기인한다. 단, 이는 사용 빈도에 따라 반전될 수 있다. 예를 들어 일회용 컵은 쓰는 만큼 제조 과정에서 배출되는 온실가스가 누적되지만, 텀블러는 얼마든지 재사용이 가능하므로 설거지할 때 배출되는 극소수량의 온실가스만 더해지기 때문이다. 하루에 커피 한 잔을 마신다고 가정해보면 플라스틱 컵은 2주, 종이컵은 한 달 만에 텀블러의 온실가스 배출량을 따라잡는다. 6개월 후에는 플라스틱 컵의 온실가스 배출량이 텀블러의 11.9배, 1년 후에는 21배가 된다. 플라스틱 컵 대신 텀블러를 2년 이상 꾸준히 쓰면 온실가스 배출량이 33.5배가량 줄게 된다고 한다. 이렇듯 텀블러 사용이 지구 환경오염에 실질적 도움이 되기 위해서는 생산 단계의 환경부담을 감안해, 하나의 제품을 최소 3~4년 이상 꾸준히 사용할 것을 권한다.

이상적인 교체 주기는 보통 6개월에서 1년 정도 사용하면 중금속이 나온다는 설이 있는데, 이는 품질이 떨어지는 일부 제품에 해당한다는 의견도 많다. 단지 스테인리스 스틸 소재는 녹슬지 않는 강철이어서 납 성분이 없는 데다가, 제대로 만든 진공 단열 스테인리스 텀블러는 관리만 잘 하면 오래도록 안전하게 사용 가능하다. 쓸수록 내부의 세균 증식이 커진다는 우려도 있는데, 이 또한 적정 시간 사용한 뒤 위생적인

©Getty Images

관리만 잘 하면 문제가 없다. 교체의 주요 원인은 뚜껑의 고무 패킹(뚜껑 또는 마개 패킹) 때문이다. 고무에 닿은 물을 제대로 말리지 않으면 패킹 안쪽에 물때가 남으면서 입구가 오염되거나 냄새의 원인이 된다. 따라서 고무 패킹을 별도로 팔거나 교체가 불가능한 경우라면 오염된 시점에 통째로 바꿔야 하는 것이다. 고무 패킹이나 음용구 부분이 분리, 교체 가능한 제품이라면 깨끗이 세척할 수 있으므로, 1년에 한 번 소모품만 교체해주면 충분히 오래 사용할 수 있다.

제대로 세척하는 법 우선 악취와 세균 번식을 예방하려면 텀블러 안에 음료를 오래 담아두지 않는 것이 좋다. 스테인리스 스틸 소재의 내부를 세척할 때는 구연산 또는 과탄산소다를 이용해보자. 텀블러에 한 스푼 정도 넣고 뜨거운 물을 붓고 1시간 정도 불린 뒤 흐르는 물에 씻어주면 물때와 균을 제거하는 데 도움이 된다. 텀블러 마개는 베이킹소다나 식초를 희석한 물에 담갔다가 칫솔로 닦아주면 좋고, 밀폐용 실리콘 링도 분해해서 솔로 닦고 말린 뒤 조립해 사용한다. 건조할 때는 몸통과 마개를 분리해 건조대에 거꾸로 세워두고 완전히 말린다. 다이소에서 판매하는 텀블러 세정제(SAFE 텀블러 클리너)나 밀폐용기용 뚜껑 세척 솔을 이용하면 편리하게 케어할 수 있다.

수명 다한 텀블러의 분리배출은 먼저 스테인리스 스틸 등 단일 소재로 만든 제품은 재활용이 가능하므로, 깨끗이 씻어 캔류로 배출한다. 문제는 복합 소재로 된 제품이다. 편의를 위해 플라스틱(뚜껑), 실리콘(몸통) 그리고 스테인리스 스틸 소재 내부로 만드는 경우가 많기 때문이다. 실리콘 소재가 사용된 경우에는 재활용이 불가능하므로 종량제 봉투에 일반쓰레기로 버려야 한다. 여러 소재가 섞인 종류 중 플라스틱 뚜껑 등 분리 가능한 부분들은 분리배출한다.

다회용 컵은 어떨까? 일회용 컵과 외관이 비슷하지만 PP(폴리프로필렌) 소재로 제작돼 오랜 기간 사용할 수 있는 '리유저블 컵'은 보온·보랭 텀블러에 비해 저렴하고 디자인도 예뻐 인기가 높다. 그러나 일회용 컵보다 환경에 효과적일 것이라는 리유저블 컵도 어디까지나 오래 사용해야 한다. 텀블러나 다회용 컵 모두 제작 또는 폐기될 때 종이컵, 일회용 컵처럼 많은 양의 온실가스를 배출하기 때문이다. 미국 수명 주기 에너지 분석연구소(CIRAIG)에 따르면, 환경보호를 위해서는 폴리프로필렌 소재로 제작된 텀블러는 50회 이상, 스테인리스 텀블러는 220회 이상 사용해야 효과가 있다고 한다. 이만큼 사용할 게 아니라면 차라리 기존 일회용품을 이용하는 것이 환경보호에 더 유리할 수 있다는 의미로도 해석되는 부분이다.

☀ **TIP** ———————————

기후변화행동연구소의 연구에 따르면, 종이컵의 경우 컵 홀더와 뚜껑, 빨대 사용만 멈춰도 온실가스가 절반으로 줄어드는 효과가 있다고 한다. 또 일반적으로 카페에서 사용하는 '보통(10온스)' 크기의 컵보다 작은 종이컵(6.5온스)을 쓸 경우, 온실가스 배출량이 4배 줄어든다. 카페에서 일회용품을 대할 수밖에 없을 때 생각해볼 실천 법이다.

참고자료
KBS 뉴스 '온실가스가 왜 친환경 텀블러에서 나와?' (2019.11)
블로그 blog.naver.com/mskim566, (어원)텀블러는 원래 넘어지는 잔?
블로그 https://blog.naver.com/truetruebot, 보온병, 뜨거운 음료가 식지 않는 이유는?
블로그 https://blog.naver.com/yellowyongho 텀블러 세척 방법 및 교체 주기에 대해서
《ZERO WASTE 77》책책

파타고니아의 유일한 주주는
지구입니다

———

Yvon Chouinard

이본 쉬나드

정리 정서진 **참고 자료** 《파도가 칠 때는 서핑을》(이본 쉬나드 지음 | 라이팅하우스)

전설적인 암벽등반가이자 서퍼, 그리고 환경운동가이자 세계적인 아웃도어 브랜드 '파타고니아'의 창립자인 이본 쉬나드. 지난 해에는 '지구가 우리의 유일한 주주'라는 공개편지를 통해 자신과 가족이 보유한 4조 원 규모의 회사 지분 전체를 기부해 세계를 깜짝 놀라게 했다. 그가 여느 경영자와 구분되는 점은 이처럼 기업의 이윤 추구와 환경보호, 직원의 일과 삶 등 공존이 불가능해 보였던 가치들을 온전히 그리고 완벽하게 실천한 주인공이라는 데 있다.

이런 기업이 있을까? '우리 옷을 사지 마세요'라는 광고를 하는가 하면 기존의 옷을 수선해서 오래 입으라며 무료로 수선도 해주고 수선 키트도 제공한다. 쓰레기를 늘리지 않기 위해서다. 환경에 영향을 준다는 자체 조사가 나오면 인기 제품이라도 지체 없이 진열대에서 치운다. 환경 피해를 줄인 기능성 원단 캐필린과 신칠라를 개발했으며, 목화 재배에 쓰이는 농약이 농부와 환경에 유해하다는 사실을 깨닫고는 모든 면 제품을 유기농 목화로만 제작하기로 한다.

'지구세(Earth Tax)'를 만들어 회사 매출의 1%를 자연환경의 보전과 복구에 사용한다. 환경 기준을 어기는 기업은 원가가 아무리 싸더라도 협력사 명단에서 배제한다. 그러다 보니 가격도 다른 브랜드에 비해 비싸다. 그런데도 매출은 매년 증가하고 있고, 사람들은 계속해서 제품을 더 많이 구입한다. 심지어 세계적인 불황을 두 번이나 겪으면서도 오히려 성장했다. 세계 최고의 아웃도어 기업 '파타고니아'의 창립자 이본 쉬나드 회장 이야기다. 그는 도대체 어떤 사람인 걸까?

학교 대신 자연에서 세상을 배운 소년

프랑스계 캐나다인의 아들로 태어나 미국 LA 근처 버뱅크에서 자란 이본 쉬나드는 공부에는 별로 관심이 없고 산이나 강에서 놀기를 좋아하던 소년이었다. 초등학교 들어갈 때까지 영어를 할 줄 몰랐고, 여자 같은 이름과 작은 키 탓에 끊임없이 놀림을 받곤 했다. 언어와 문화의 차이는 그를 외톨이로 만들었지만 대신 자연과 친구가 되는 방법을 자연스럽게 익힐 수 있었다. 산에 가서 암벽을 타고, 수십 킬로미터 떨어진 호수까지 자전거로 달려가 송어와 농어를 낚았다. 그리피스 공원과 로스앤젤레스강과 같은 도심 속의 미개척지를 발견한 이후에는 작살로 개구리를 잡고 올가미로 가재를, 활과 화살로 토끼를 사냥했다. 반항아 기질이 다분한 고등학교 시절의 그는 기술 외에는 어떤 과목에도 관심이 없었다. 방과 후면 늘 남아서 "나는 앞으로 ~를 하지 않겠습니다"라는 문장을 수도 없이 써야 하는 벌을 받곤 했다. 공부보다 등반과 카약, 민물낚시에 매진했다. 파도가 치면 서핑을 즐겼다. 어린 이본 쉬나드는 학교의 규칙과 교육과정을 버리고 자연이 만든 커리큘럼을 통해 세상을 배웠다.

직접 만들어 쓰는 대장장이 암벽등반가

사실 이본 쉬나드는 기업가이기 전에 유명한 암벽등반가다. 앉아서 하는 것보다는 활동적인 것을 좋아하는 그는 특히 산 타는 것을 좋아했다. 암벽이 보이면 돌아가는 것이 아니라 손을 뻗어 오르기 시작했다. 14세부터 그는 위험천만하지만 짜릿한 암벽등반에 푹 빠져 지냈다. 학교에 갈 시간에 요세미티 공원 등에서 움막 생활을 하며 등반에 몰두했다. 산의 정상까지 오르고 싶었지만 제대로 된 장비가 없던 시절이었다. 집에 있는 작은 창고를 개조해 대장간으로 만들었다. 직접 쓰면서 불편했던 등반 장비들을 하나둘 개량해서 사용했다. 강철로 만들어진 수확 기계의 날로 첫 번째 피톤을 만들어 요세미티 등반에 사용했다. 이 피톤은 요세미티의 크랙 등반에 이상적이었고

몇 번이고 뽑아서 다시 사용할 수 있었다. 이 사실을 안 친구들이 알음알음으로 만들어달라고 부탁해 왔다. 강철로 1시간 동안 만들 수 있는 피톤은 2개였다. 그는 이것을 개당 1달러 50센트씩 받고 팔기 시작했다. 처음엔 사업이라고 할 것도 없었다. 그저 필요해서 오는 사람들을 위해 몇 개씩 만들어 주고 밥값 정도를 받는 게 다였다.

북한산에 있는 쉬나드 길이 있다

한창 등산 장비 만들기에 빠져 있던 1960년대 초, 주한미군 징집 영장이 날라왔다. 징병을 피하려고 했지만, 결국 한국행 비행기를 탔다. 학교도 싫었던 그에게 군대가 좋았을 리 없었다. 군대는 체질에 맞지 않았다. 권위적인 군대 문화는 체질상 맞지 않았을뿐더러 등반 사업을 그만두어야 한다는 생각에 화가 난 그가 군 생활을 잘 해낼 리 없었다. 단정치 못한 외양에 장교들에게조차도 인사하지 않는 불량한 근무 태도 때문에 영창도 갈 뻔했다. 등산을 위해 외출허가를 받지 못하면 단식투쟁까지 벌이던 희대의 고문관은 결국 변압기 스위치를 켰다 껐다 하는 한직으로 발령받았다. 그나마 군대를 버티게 해준 것이 인수봉이었다. 당시 한국은 휴전이 된 지 십여 년밖에 되지 않았을 때라 참 어려웠다. 장비가 귀할 때였다. 인수봉을 본 후 미국에 연락해 로프와 카라비너와 같은 등반 장비를 한국으로 가져왔다. 그것으로 한국 클라이머들과 길을 개척했다. 길이가 177m에 이르는 암벽등반로를 암벽화도 없이 한나절 만에 개척했다. 그가 개발한 북한산의 암벽등반 2개 코스는 지금도 '쉬나드 A길, B길'이라고 불리고 있다. 지금도 인수봉을 오르는 80여 루트 가운데 가장 사랑 받는 길 중 하나다.

양철 헛간에서 시작된 역사

군대를 마치고 미국으로 돌아온 그는 버뱅크의 양철 헛간에서 본격적으로 등반 장비를 제작하기 시작했다. 마침 그때는 미국인들 사이에 암벽등반 붐이 일었다. 그는 5명의 친구들을 직원으로 고용했고, 생산 품목과 가격을 표기한 첫 번째 카탈로그도 제작했다. 직접 디자인하고 손으로 만든 그의 제품은 내구성이 뛰어나 등반가들의 사랑을 받았고 1970년 그의 회사는 미국에서 가장 큰 등산 장비회사로 성장했다. 하지만 그것은 환경 파괴의 장본인이 되는 길의 시작이기도 했다. 등반의 인기가 높아지면서 사람들은 암벽으로 몰렸고, 강철로 된 피톤을 반복적으로 박아 놓고 빼낸 탓에 그가 그토록 사랑했던, 몇 년 전만 해도 자연 그대로의 모습을 간직하고 있던 암벽들이 심하게 훼손되기 시작했다.

가만두고 볼 수 없었다. 이본 쉬나드는 주변의 걱정과 우려를 뒤로하고 회사의 핵심이었던 피톤 제작 사업을 과감히 접었다. 대신 못을 박지 않고 암벽의 홈 사이에 끼워 넣어 사용할 수 있는 피톤을 대체할 수 있는 초크를 개발했다. 처음엔 반신반의하던 등반가들도 새로운 장비에 적응하며 등반 문화를 변화시키는 데 동참했다. 피톤의 배출은 바닥으로 떨어졌지만 대신 초크가 불티나게 팔리기 시작했다. 이후 이본 쉬나드는 제품을 제조하는 데 따르는 환경적 피해를 최소화할 방법을 찾기 시작했다. 파타고니아의 자연보호 행보를 알리는 첫걸음이자 눈앞의 매출이나 이윤보다 인간과 자연에 책임감을 느껴야 한다는 그의 철학이 다져지는 계기가 되었다.

1970년 이본 쉬나드는 스코틀랜드 등반을 위해 준비했던 럭비 셔츠를 시작으로 아웃도어 의류까지 확장했다. 질기고 튼튼해서 바위에 비벼도 끄떡없는 럭비팀이 입는 셔츠를 본 주위의 친구들이 어디서 샀는지 물어보기 시작했고, 주문한 럭비 셔츠는 날개 달린 듯 팔려 나갔다. 쉬나드는 이를 계기로 자신의 회사를 야외 취미 활동을 위한 아웃도어 의류 쪽으로 방향을 전환했다. 회사 이름은 인간의 발길이 미치지 못한 태초 그대로의 환경을 간직하고 있는 곳, '파타고니아'였다. 거친 환경도 견뎌낼 수 있는 옷을 만들겠다는 의지로 1973년 세계적인 아웃도어 브랜드 '파타고니아'는 시작됐다.

자원을 아끼기 위해 '최고'의 옷을 만든다

이본 쉬나드의 기업 경영 목표는 단순하다. 파타고니아 사명(社命)의 첫 구절처럼 '최고의 제품'을 만드는 것이다. 여기서 '최고'는 단순히 좋은 것 중 하나가 아닌 '모든 면'에서의 최고를 뜻한다. 회사가 만드는 제품을 히말라야나 남아메리카 산악지역 같은 실제 장소에서 직접 체험해보는 이유다. 또한 최고의 제품을 만들기 위해서는 그 직원들이 제품을 만드는 데만 집중할 수 있는 최고의 직장이 되어야 한다고 생각하는 그다. 그런 생각이 최고의 보육시설과 최고의 일터, 최고 생산성의 기업으로 이어졌다. 그리고 그의 '최고 제품'의 범주에는 무엇보다 '환경'이 굳게 자리한다. 그가 환경 파괴 가능성이 있다는 이유만으로 자사의 주력제품까지 포기하는 이유이고 이익을 추구하되 그것을 가장 최우선으로 두진 않는 이유기도 하다. 피톤 사업 폐지도 그중 하나였다. 그뿐인가?

서핑, 스키, 등산 등 아웃도어 의류 브랜드 파타고니아로 사업을 확장하던 시기, 대량 감원과 재고를 감수하면서도 유기농 목화를 이용해 옷을 만들고 직원들의 복지는 물론, 하청 업체 직원들의 복지에도 신경을 썼다. 박음질을 비롯한 생산 공정은 공정무역(fair trade) 프로그램하에서 운영했고 적자가 나는 해에도 이익이 아닌 전체 매출의 1%를 '지구세(Earth Tax)'로 환경단체에 기부해온 것으로 유명하다.

미국의 경제 전문지《포브스》가 발표하는 억만장자 명단에도 올랐지만, 그는 여전히 20여 년 넘게 같은 티셔츠를 입고 다닌다. 공식적인 자리에도 늘 낡은 신발과 바지 차림이다. 그가 '최고의 옷'을 만드는 이유는 '오랫동안 입어 자원을 아낄 수 있게 하기 위한 것'이기 때문이다. 다른 브랜드와는 다르게 새 옷을 사라고 광고하는 대신 바느질 도구를 내놓고 단추 다는 법을 모르는 사람을 위해 수선 동영상 설명서도 만든 이유다.

아름다운 은퇴, 이제 파타고니아의
유일한 주주는 지구입니다

"선한 일을 할 수 있는 기회와 능력이 있는데도 하지 않는다면, 악한 것에 다름없다."

이윤 창출이 아닌 자연 보존과 직원 복지를 최우선 가치로 삼았던 그의 이 말은 빈말이 아니었다. 지난 2022년 이본 쉬나드는 자신과 가족이 보유한 4조 원 규모의 회사 지분을 환경단체와 비영리재단에 넘겼다. 그뿐만 아니라 연간 1억 달러에 달하는 파타고니아의 수익 역시 기후변화 대처와 전 세계 미개발 토지 보호를 위한 활동에 기부하기로 했다. 쉬나드 회장이 자신의 지분을 정리하겠다고 결심했을 때 그의 측근들은 파타고니아가 비상장 회사인 만큼 회사 매각에 나서는 방법을 조언했지만, 그는 이 모든 제안을 거부했다. 누군가 기업을 매입한다는 것은 더 많은 이익을 내고자 하는 경우일 것이고, 기업을 공개하면 돈은 많이 얻을 수 있지만 수익을 위한 운영을 할 수밖에 없기 때문에 그동안 본인이 오랜 기간 추구해온 직원 복지와 환경보호라는 기업 문화를 지킬 수 없을 것이라고 생각했기 때문이다. 그는 파타고니아의 기업 문화를 지켜나가면서도 지구를 보호할 수 있는 최상의 선택을 위해 회사를 비상장 상태로 100% 기부했다.

아무리 파타고니아의 이본 쉬나드라고는 하지만, 어떻게 이런 결정을 내릴 수 있었을까? 그는 자신과 가족들이 내린 결정에 대해《뉴욕타임즈(NYT)》와의 인터뷰를 통해 '소수의 부자와 셀 수 없을 정도로 많은 가난한 사람으로 귀결되는 자본주의가 아닌 새로운 형태의 자본주의' 형성을 희망하기 때문이라고 했다. 그러면서 이렇게 덧붙였다. "처음부터 회사를 만들 생각도 없었고 사업가가 되고 싶은 생각도 없었다. 이제 내 회사가 내가 없어도 옳은 가치를 위해 계속 굴러갈 수 있게 됐으니, 내일 죽어도 여한이 없다." 전 재산을 기부하고 난 후 "삶을 올바르게 정리할 수 있게 되어 안도감이 든다" 고 고백한 그는 홈페이지에 올린 서신에서 또 한 번 전 세계 사람들의 마음을 울렸다.

"이제 파타고니아의 유일한 주주는 지구입니다."

기업가로서 이윤을 내야 하면서도 동시에 그 기업이 환경과 사회적 윤리를 저버리지 않고 지속 가능해야 하는 일은 언뜻 불가능하거나 지나치게 이성적으로 들린다. 하지만 이본 쉬나드는 바로 이 어려운 불가능을 가능하게 한 사람이다. 앞으로도 그의 행보가 궁금해지는 이유이기도 하다.

종량제 봉투에 버려야 하는 쓰레기 10

쓰레기를 버릴 때 간혹 '이게 재활용이 되는 건가? 아닌가?' 하고 헷갈릴 때가 있다. 재활용품인 듯하지만 '종량제' 봉투에 넣어 버려야 하는 쓰레기 체크 리스트 10.

정리 정서진 참고 자료 한국환경공단, 《그건 쓰레기가 아니라고요》(홍수열 지음 | 슬로비), www.dailypop.kr

작은 플라스틱 용품

볼펜이나 샤프 같은 플라스틱 필기구, 일회용 플라스틱 빨대 등 크기가 작은 플라스틱 제품은 재활용이 어렵다. 예를 들어 볼펜 같은 경우에는 스프링 따로, 심 따로 열심히 분리해도 선별장에서 걸러지기엔 너무 작고, 틈새에 끼어 기계 고장을 일으킬 수도 있기 때문에 결국 쓰레기로 처리된다. 칫솔도 마찬가지. 솔이 있는 머리 부분만 종량제 봉투에 넣고 PP(폴리프로필렌)로 만들어진 손잡이는 분리배출해도 볼펜과 같은 이유로 재활용 과정에서 탈락하고 만다.

광고 전단지 등 코팅 종이

종이를 재활용하려면 얽힌 섬유를 푼 다음 다시 결합(해리 공정)해야 하는데 종이 겉면에 비닐 막을 입힌 코팅 종이는 일반 종이에 비해 해리하는 시간이 길다. 재활용 공정에서 코팅지가 다 풀릴 때까지 기다릴 수 없어 결국 쓰레기로 소각되고 만다. 그러니 코팅지는 분리배출해도 재활용되지 않는다. 이 때문에 재활용 종이를 분류할 때에는 내부까지 꼼꼼히 확인해 코팅된 제품은 꼭 종량제 봉투에 넣어 버리도록 한다.

씻어도 음식물이 제거되지 않은 용기

치킨이나 피자, 김밥 등을 담은 상자는 기름 등 이물질이 많이 묻어 있고 다른 재질과 혼합되어 재활용이 어렵기 때문에 종량제 봉투에 버려야 한다. 또 세척하지 않은 컵밥과 컵라면 용기 역시 재활용이 어렵고, 마요네즈나 케첩 등이 담겼던 용기는 깨끗하게 세척 후 말릴 경우 재활용이 가능하지만 내용물이 담긴 채 버린다면 재활용이 불가능하기 때문에 종량제 봉투에 넣어야 한다. 재활용도 재활용이지만 재활용 현장에서 일하는 분들에 대한 배려는 물론 재활용 비용을 줄이고 재생 원료의 품질을 높이기 위해서라도 재활용품을 깨끗이 버리는 태도는 필요하다.

펌프 마개

펌프식 마개를 보면 용기 안쪽으로 뻗은 기다란 플라스틱 관에 철로 된 스프링이 있다. 바로 이 부분이 재활용 공정에서 파쇄기의 칼날을 훼손한다. 재활용업체는 이 때문에 칼날 교체에 비용이 많이 든다. 스프링을 플라스틱으로 바꾸는 게 제일 좋긴 하지만 현재 기술로는 어려운 듯. 지금으로선 마개를 떼어내 일반쓰레기로 종량제 봉투에 넣어 버리고 몸체만 깨끗하게 씻어서 플라스틱 수거함에 배출한다.

비닐랩

음식점 등 업소에서 쓰는 랩은 PVC로 제작되어 있다. PVC 소재로 되어 있는 비닐 랩은 재활용이 어렵고 처리 과정에서 유해물질이 만들어지기 때문에 재활용하지 않는다. 따라서 비닐 랩은 반드시 일반쓰레기로 배출해야 한다. 다만 가정에서 쓰는 랩은 PVC가 아니라 PE로 제작된 것이 많아 재활용이 가능해 비닐류로 버리면 된다. 다만 음식을 한 번 감쌌던 랩은 염분 등이 묻어 있어서 깨끗이 헹궈 버리지 않는 이상은 재활용이 어렵다.

종이 포일

요리나 포장에 쓰는 얇은 종이로 흔히 '호일'로 알려진 종이 포일도 마찬가지다. 이것은 황산지에 실리콘 코팅 처리를 해서 기능성(내열성이나 내수성 등)을 갖춘 특수종이로, 재활용이 되지 않는다. 무엇보다 사용된 종이 포일은 음식물에 오염됐을 가능성이 커 종량제 봉투에 배출해야 한다.

폐비닐

우선 비닐은 검정, 유색, 투명 비닐봉투 모두 분리배출 대상으로 재활용 가능하다. 라면봉지나 과자봉지도 마찬가지. 다만 스티커나 테이프가 붙어 있을 경우는 떼어내서 일반쓰레기로 버린다. 내용물이 들어 있었던 비닐의 경우 내용물을 비우고 헹군 뒤 깨끗하게 말렸을 경우는 분리배출이 가능하지만 음식물이 묻은 비닐이나 스티커가 붙은 비닐 같은 경우는 모두 종량제 봉투에 버려야 한다.

보랭팩

보온과 보랭을 위해 자주 쓰이는 은박 보랭팩은 혼합 플라스틱이라서 비닐에도 해당하지 않는다. 따라서 종량제 봉투에 넣어 일반쓰레기로 분류해 버려야 한다. 만약 겉에 있는 은색 비닐과 에어캡의 분리가 가능하다면, 분리해서 은색 비닐은 일반쓰레기로, 에어캡은 비닐로 분리수거해준다.

과일망과 과일포장재

아주 잠깐 과일만 감쌌을 뿐인데, 벗겨내면 바로 골칫거리 쓰레기가 되는 과일망과 과일 포장재. 특히 명절 때만 되면 이들 쓰레기가 차고 넘친다. 과일망을 언뜻 보면 스티로폼 같지만 재활용되지 않는 PE 재질이다. 따라서 종량제 봉투에 넣어서 일반 쓰레기로 버려야 한다. 다만 쓰레기로 버려질 과일망을 이왕이면 비누 받침대나 욕실 청소 아이템으로 야무지게 쓸 수도 있다. 재활용이 가능한 PS(폴리스티렌)가 아닌 다른 재질에 공기를 넣어 만든 포장재가 많다. 그중 대표적인 것이 소형 전자제품 포장에 쓰이는 스펀지 느낌의 완충재. 요가 매트, 스펀지, 휴대용 방석 등을 스티로폼으로 착각하기 쉬운데 모두 종량제 봉투나 대형 쓰레기로 배출해야 한다.

고무장갑

집에서 흔히 사용하는 고무장갑과 고무대야는 대부분 합성고무제품으로 재활용이 불가능하다. 합성고무는 석유에서 추출한 원료를 중합 또는 혼성 중합해 만들어낸다. 다시 말해 석유화학 제품으로 플라스틱이라 봐도 무방하다. 문제는 우리나라는 두 가지 이상의 재질이 혼합된 플라스틱은 플라스틱으로 분류는 하지만, OTHER라는 이름이 붙는데 이는 플라스틱으로 분리수거해도 재활용이 되지 않는다. 따라서 일반쓰레기로 분류해 버려야 한다. 고무장갑 이외에 라텍스 장갑이나 니트릴 장갑도 마찬가지다. 우리가 쓰는 고무장갑들은 일반적으로 합성고무제품이 대부분이기 때문에 특별히 고민할 필요 없이 일반쓰레기로 분류해 종량제 봉투에 넣어 배출해야 한다.

> **☀ TIP**
>
> **지구를 위해, 쓰레기 배출 도와주는 앱**
>
> 분리수거를 하다 보면 한 번쯤 어디에 분류해야 할지 헷갈리기 마련이다. 이때 분리수거 기준을 알려주는 앱들을 참고하면 편하다. '내손안의 분리배출'은 환경부와 한국환경공단, 한국포장재재활용사업공제조합, 한국순환자원유통지원센터가 협업해 만든 앱이다. 품목별 분리배출 요령에 대해 알려주고 있다. 'Blisgo(블리스고)' 역시 품목별 분리배출에 대한 정보를 얻을 수 있는 앱으로, 제로웨이스트를 실천하는 친환경 점포를 소개하기도 하고, 커뮤니티를 통해 유저들끼리 에코 정보를 나눌 수도 있다. 그 밖에 가전제품이나 가구 등 부피가 큰 폐기물을 배출해야 한다면 '여기로'나 '빼기'를 이용할 수 있고, 쓰레기를 대신 처리해주는 '리클'도 있다.

MZ diary

일을 통해 환경을 말한다

환경오염은 각자가 서 있는 자리마다 다르게 다가온다. 도시에서는 폭염과 미세먼지로
불편함을 느끼고 농촌에서는 먹거리가 온전히 자라나지 못해 생존에 어려움을 겪고,
해변에서는 바다생물이 살아가는 터전이 쓰레기 더미로 바뀌는 일이다. 당장은 서로에게
다른 모습으로 다가온다고 해도 결국 지구라는 한 행성을 공유하며 함께 살아가는 한
우리 모두가 겪게 될 재앙이다. 자신의 일을 통해 환경을 말하는 이들에게 우리 앞에 닥친
위기에 대해 알리고 모두를 연결하는 일은 활동이자, 직업이자, 일상이다.

글 이아롬

'식탁 너머 존재'와 함께
잘 먹고 잘살기
지속 가능한 식문화 플랫폼 '벗밭' | 백가영, 배기현

지속 가능한 식문화 플랫폼 '벗밭'은 먹거리 교육을 하고 파머스마켓을
열거나 제철 음식을 먹는 이벤트를 열지만 '제로웨이스트', '메일함
비우기' 같은 챌린지도 함께 기획한다. 먹는 일과 좋은 먹거리를 키우는
자연은 분리되지 않았기 때문이다. 그래서 이름에도 먹거리를 전면으로
내세우기보다 친구를 뜻하는 벗과 먹거리의 생산지인 밭, 두 글자를
담았다. 식탁 너머 보이지 않았던 사람과 작물을 둘러싼 동물, 자연과
더불어 더 많은 이들과 벗이 되고 싶어서다. 미식이나 먹방이 아닌 먹는
일을 둘러싼 많은 존재를 드러내고 연결하는 것이 곧 잘 먹는 일이기
때문에.

벗밭의 활동은 2019년 대학 동아리에서 시작했잖아. 계기가 궁금해.

가영　일단 둘 다 시장을 좋아하는 사람이야. 그리고 해외에 나갔는데 주말에 대학에서 파머스마켓이 열린 거야! '우리 학교에는 왜 이런 문화가 없지?' 이 문화를 만들고 싶었어. 파머스마켓은 특히 더 생기가 넘치고, 먹거리를 기른 사람을 직접 만나 경험을 들어볼 수 있으니까 이걸 대학 안에서 친구들이랑 나누고 싶다는 마음이 가장 컸어. 그 이야기를 우연히 듣던 지도교수님이 '한살림'을 연결해주셨고 그때부터 일사천리로 진행됐지. (웃음)

다양한 프로젝트와 콘텐츠를 만들었는데, 기억에 남는 활동은 뭐야? 무엇을 얻었는지 궁금해.

기현　우리가 콘텐츠도 만드니까 하숙집 이모님, 고양이에게 밥 주고 돌보는 친구를 인터뷰하기도 했어. 누군가를 먹이는 일에는 이렇게 많은 사람과 돌봄이 있구나 깨달았지.

가영　제로웨이스트 챌린지를 길게 해서 "뜬금없다"는 이야기를 듣기도 했는데, 우리는 벗밭을 통해 농가에 찾아가고, 먹는 일에서 나의 몸, 타인, 환경으로 시야가 확장되었거든. 다양한 경험으로 먹는 일이 돌보는 일이고, 비인간 존재와 환경을 돌보는 일이 곧 내 먹거리와 관련되었다는 걸 알게 됐지.

농민들의 친구로 다섯 번째 농사를 바라보는 마음은 어때?

가영　올해 꽃이 빨리 피었잖아. 도시에서는 "꽃이 한꺼번에 피고 졌다" 정도로 인식되고 끝나지만 농가에서는 1년 내내 겪는 고통이야. 특히 과일 꽃이 빨리 피었다가 4월에 얼어붙어서 나무에도 피해를 주지만 과일 농사는 1년치 농사가 한 계절에 결실을 보는 농사잖아. 도시 직장인으로 치면 그 1년치 연봉이 날아간 거나 다름없지.

기현　폭우로 많은 사람이 죽고 다치고 있으니 기후위기를 의식하게 됐듯이 이게 우리의 문제라는 인식이 먹거리로도 연결되었으면 좋겠어. 농민들은 이전부터 그 어려움을 느끼고 있었거든.

벗밭처럼 먹으려면 어떻게 해야 할까?

가영　일단 '버리지 않기'부터 시작해 볼까? 나의 '1인분(정량)'을 찾아 남기지 않고, 더 오래 보관할 수 있는 법을 찾는 거지. 뿌리채소는 눕히지 말고 세워서 보관하고, 감자는 사과랑 함께 보관하면 싹이 천천히 나오잖아. 다음에는 육식보다는 채식을 하고, 특정 재배방식을 선택하는 것으로 단계적으로 바꾸는 거야. 나중에는 화석연료에 의지하지 않는 제철을 선택하는 거지.

기현　맛있게 먹고, 재밌게 먹기! 그러려면 함께 먹어야 해. 먹는 게 정말 힘이 센 게, 무력하고 부정적인 분위기 속에서도 주제를 먹을 것으로 조금만 틀어주면 정말 즐거워지거든. 벗밭이랑 재밌게 먹는 다양한 방식을 함께 찾아보자!

☀ **가영과 기현의 TIP - 채소 맛있게 먹는 법**

① **시장에 가보자**

얼굴을 맞대고 대화할 수 있는 시장에 가면 좋은 채소 고르는 법이나 맛있게 먹는 법이라든지 제철 채소가 뭔지 직접 물어볼 수 있다. 운 좋으면 토종작물도 만날 수 있다.

② **반려 식물로 채소를 길러보자**

소비자가 생산 경험을 할 수 있는 유일한 방법은 먹거리를 직접 길러보는 것. 텃밭이 없다면 화분에 허브라도 길러보자.

③ **맛을 평가해보자**

같은 채소라도 날것으로 먹고, 익혀서 먹고, 가루로 내서 다양하게 먹어보면 다른 맛을 느낄 수 있다. 단순히 오미를 넘어서 질감부터 무게감까지 다양한 감각을 표현하고 기록해보자. 천천히 먹어야 풍미를 잘 느낄 수 있다.

소비하는 삶 멈추고
더 많은 존재와 연결되기

《0원으로 사는 삶》 저자 | 박정미

통장에 단 두 달 치 월세뿐인데, 직장에서 해고당했다면 당신의 선택은?
여기, 돈을 벌기 위해서 뭐든 견뎌야 하는 굴레에서 벗어나 돈을 쓰지
않는 '0원 살이'를 선택한 사람이 있다. 돈 없이 머물 곳을 찾아 농장,
빈 보트, 빈 건축물, 생태공동체를 거치며 돈이 아닌 '도움'으로 살아간
1년의 경험을 책《0원으로 사는 삶》으로 엮은 저자 박정미다. 시작은
'무지출 챌린지'였지만 소비하지 않는 삶은 거대한 에너지와 환경,
노동력을 착취하며 돌아가는 산업 시스템에 동참하지 않는 혁명임을
알게 됐다는 그는 요즘 지리산 자락에서 자연의 법칙을 따르며 고요히
살고 있다.

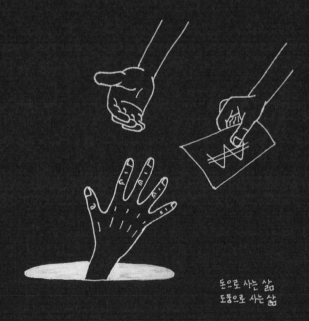

돈으로 사는 삶
도움으로 사는 삶

여전히 소비 없이 지내는지 궁금한데, 가장 최근에 한 소비가 뭐야?

어제 찻집에서 지인한테 차 한잔 샀어. 지역사회에 살다 보니 좋아하는 찻집이나 건강한 비건 식당이 생겼고, 그 주인장이 만든 귀한 음식을 받았으니 나는 내가 줄 수 있는 선물로 돈을 주는 거지. 친구들이 만들어준 좋은 음식을 먹고 돈을 쓰는 행위는 소비가 아니라 교환이 되더라. 나도 소비를 이렇게 바라보게 된 게 신선한 느낌이야. 물론 그 친구들은 내가 가서 돈을 쓰면 미안해하지만. (웃음) 지금은 그때처럼 엄격한 기준은 없지만 저소비하며 살아가고 있어. 소비에 대한 강박적인 규칙이 없어도 이런 소비방식이 삶의 방식이 되어버렸거든. 무언가가 갖고 싶고 필요하다는 욕구보다 그로 인해 파괴되는 자연에 대한 고통이 더 크기 때문에 자연스럽게 그걸 안 하게 된 거지.

'코로나 시국'이 끝나고 다들 떠나고 싶어 하잖아. 어떤 여행을 다녀온다면 좋을까?

여행이라는 욕구의 기본은 만족하지 못하는 현실에 대한 일탈 아닐까? 하지만 장소만 옮겨질 뿐 지금의 생활방식을 더 많은 소비만 하면서 그대로 살다 오잖아. 그리고 집에 오면 여전히 불안하고 불만족한 상황이 계속되고. 그런 여행보다는 과감하게 기존 삶의 방식이 아닌 틀을 과감히 깨는 다른 여행을 권하고 싶어. 소비를 많이 하며 살았다면 물물교환이나 자원봉사를 통해서 여행하는 거지. 다른 사람, 다른 경험, 다른 환경을 접할 수 있잖아.

함께 끊어보자고 권하고 싶은 소비가 있어?

가장 급하게 줄여야 할 소비는 육식이라고 생각해. 나도 처음에는 의식으로 알게 됐지만 실천으로 옮기지 않는 그 시간이 정말 불편했어. 반발심도 들었고. 그런데 어느 순간부터 부끄러워지더라. 자연을 사랑한다 말하고 육식이 환경파괴에 미치는 영향을 알면서도 고기를 먹는 나에 대한 모순을 느꼈거든. 당장 육식을 끊지 못한다고 스스로를 비난하지 말고 단계적으로라도 줄여보면 어떨까? "고기는 일주일에 한 번만 먹어보자" 혹은 "오늘은 뭘(육식) 먹지 말아보자" 하면서 조금씩 줄여나가는 것도 굉장히 중요하다고 생각해.

소비를 적게 하는 삶을 보이며 가장 전하고 싶은 이야기는 뭐야?

"지구를 지키자" 대신, "연결을 회복하자"고 말하고 싶어. 우리가 함께 지구에 살아가며 하나로 연결되어 영향을 주고받고 있잖아. 타인과 지구를 지키는 일이 곧 나를 지키는 일인 셈이지. 그러니 모든 존재에 대한 사랑과 연민을 갖고 살아야 한다고 생각해. 만약 사람이 살 수 없는 지구가 되어도 서로가 서로를 죽이며 살아남는 지옥 말고, 마지막까지 서로에게 사랑을 주면서 "우리 지구에서 행복하게 잘 살아갔다." 말할 수 있는 그런 연결 말이야. 그렇다면 지금 우리가 문제라고 생각하는 많은 것들이 해결되지 않을까?

☀ 정미의 TIP - 지구와 '연결'되고 싶다면 이렇게

① 텃밭을 가꾸자
자연에서 식량을 키워보면 기후 문제의 심각성을 더 크게 체감할 수 있다.

② 환경과 관련된 책과 다큐를 통해 공부하자
아는 만큼 불편해지는 법! 몸의 편리함보다 마음의 편리함을 따르기 위해 불필요한 소비를 줄이는 자신을 발견하게 될지도 모른다.

③ 제로웨이스트 문화를 즐겨보자
제로웨이스트 장터나 페스티벌을 찾아 함께 공부하고 커뮤니티 활동을 하면 강박적인 규칙보다는 놀이가 될 수 있다.

④ 물물교환을 해보자
내가 만들거나 이미 갖고 있는 물건을 서로 교환하는 방식이 대량생산-대량소비-대량폐기의 악순환을 멈추게 한다.

'뉴락'의 주제는 플라스틱이 아니라 인류의 생존

미술작가 | 장한나

무책임하게 버려진 플라스틱 쓰레기는 바다로 흘러가 풍화작용을 거쳐 자갈 모양으로 변한다. 미술작가 장한나는 겉보기에 자연물 같지만 사실은 사람이 만들었고, 자연이 다시 변화시킨 이 물건을 '쓰레기' 대신 '뉴락'이라 불렀다. 쓰레기이지만 다시 자연이 되어 바다생물의 삶터가 되는 새로운 물질을 수집하고 분류하고 전시하며 플라스틱으로 만들어진 물건이 자연에 버려진 이후를 조명하는 미술가. 그는 작업을 통해 '쓰레기'라는 겉모습과 쓰레기와 기후위기의 근원인 '석유 산업' 까지 확장시켜 불편한 진실을 드러낸다.

예술가에게는 생산하고 싶은 욕구가 있잖아. 수집하는 작업을 길게
이어오는 것이 힘들지는 않아?

나는 조소를 전공했는데 만드는 거 정말 좋아하고, 잘 만드는 편이야.
(웃음) 그런데 환경과 관련된 공부를 하니까 모든 환경문제의 해결이
에너지와 생산을 줄이는 것이 기본 전제더라. 작업한다는 건 끊임없는
생산 활동이니까 앞으로 작업하며 살기는 어렵겠다고 생각했지. 그래서
책이나 굿즈도 만든 적 없고. 그런데 수집과 리서치를 토대로 작업하면
충분히 전시할 수 있잖아. 이제는 내가 할 수 있는 방식으로 날카로운
질문을 던지는 게 나의 역할이라고 생각해.

조소과 학생이 환경 공부를 깊게 파고든 계기가 뭐였을까?

내가 대학에 다닐 때 후쿠시마 원자력 발전소 사고가 있었어. 그리고
얼마 후에 비가 내렸는데 그 비가 위험하게 느껴지더라. 지금도 오염수
방류 때문에 다시 "해산물 먹어도 되나." 질문하잖아. "바다에 들어가면
돼, 안 돼." 하는 단편적인 질문이 더 위험하게 느껴졌어. 원전이라는 것이
에너지를 더 싸게 많이 만들어 쓰기 위해 만든 거잖아. 그때 사람들의
커다란 욕망이 돌고 돌아서 결국 내 일상이 완전히 무너지는 일로 돌아올
수 있구나. 그런 생각에 환경 공부를 시작했지.

작업에 플라스틱만 드러내는 게 아니라 석유 산업으로 확장해나가잖아.

'플라스틱 덜 쓰자'나 '분리수거를 열심히 하자'는 말이 너무 표면적인
거야. 전체 산업 시스템을 보았을 때 정말 끝단의 일부거든. 석유는
끓는점에 따라 다양한 부산물이 추출되는데 우리에게 익숙한 휘발유나
경유도 나오지만 나프타도 나오거든. 나프타에서 플라스틱, 합성섬유,
합성고무 같은 게 만들어져. 그러니 플라스틱을 말하면서 석유 이야기를
하지 않을 수 없어. 자동차를 덜 타고 석유 산업의 소비자가 되지 않는 것
또한 플라스틱과 연결되어 있거든.

이런 작업을 꾸준히 해오면서 무력해지지 않는 비결이 뭘까?

석유 산업을 파다 보면 정말 은폐된 자료가 많아. 산업 종사자와
인터뷰해도 회사와의 계약 때문에 들을 수 있는 이야기도 제한되어 있고.
그런데 주식 공부하는 사람들의 자료에서 내가 필요한 답이 나올 때가
있더라. 정말 빠삭하게 알고 있더라고. (웃음) 당장은 내가 사는 게 너무
힘들고 오늘 주가가 더 중요할 수는 있지만 언젠가는 사람들이 점점 더
알게 되지 않을까? 가끔 관객들이 "외면하고 있었는데 지금부터라도
고민해야겠네." 말할 때가 있어. 그게 작업의 동력이 돼. '그래도 할 수
있는 건 같이 해봐야지.' 하고 함께 고민하게 만드는 게 예술의 힘 같아.

하나의 뉴락에 수많은 환경문제와 고민이 담겨 있구나. 작품을 통해
가장 강조하고 싶은 건 뭐야?

어제는 이런 생각이 들더라. 자기소개를 쓰레기 말고 "인간 생존 문제에
대해 작업하는 장한나입니다"로 바꿔야 하나? 우리는 "지구가 아파요"
라고 말하지만 사실 지구는 괜찮거든. 기온이 높아지면 죽는 생명이
있지만 특정 바이러스나 곰팡이에게는 더 살기 좋은 환경이 되기도 하고,
우리가 상상하지 못하는 생명체들이 생태계를 만들면서 지구는 그냥

존재할 거야. 다만 인간이 살기 어려운 환경이겠지. 그래서 내가 아름다운
곳에서 내가 사랑하는 사람들과 건강하고 행복하게 살고 싶으니까 다
같이 고민하자고 이야기하고 싶어.

☀ 한나의 TIP - 새로운 '뉴락'의 탄생을 막고 싶다면

① 끊을 수 없다면 줄여보자
비행기 세 번 탈 것 한 번으로 줄이고, 차 대신
대중교통 이용하기.

② 텀블러 없다면 음료를 참아보기
일회용 컵을 써야 하는 상황일 때 음료 한 잔 마시는
것을 참아보자. 그렇다면 텀블러를 잊지 않고 챙기는
습관을 들이기 쉽다.

③ 모든 편안함, 당연함에 대해 질문하기
당장의 편안함, 그동안 당연하게 여겼던 것들이
불편해져야 생산과 소비를 줄여나갈 수 있다.

④ 기업과 국가기관에 요구하기
개인의 실천도 중요하지만 가장 중요한 것은 정책이
바뀌고 기업이 화석 에너지를 줄이는 방향으로
바뀌는 일! 그리고 그들은 무관심한 개인이 있을
때는 절대 움직이지 않는다.

가치 소비 거점의 시작과 현재 그리고 미래

사라지지 마,
제로웨이스트 숍

탄소중립 시대. 전 지구인이 물건 하나의 소비에도 신중해야 할 이 시점에 친환경 생활을 돕는 가게들이
조금씩 사라져간다. 안타까움과 응원의 마음을 담아, 우리 곁에 존재하는 제로웨이스트 숍의 시작과 현재,
고민과 대응책을 들어보았다. 쓰레기, 환경문제 해결에 진심인 주인장들이 함께 모여 나눈 '동네 가게 보전
대책' 이야기와 함께, 개성적인 운영 전략으로 제로웨이스트를 전파하는 대표 가게들도 소개해본다.

담당 김윤선 사진 최창락, 제로웨이스트 숍 인스타그램

©알맹상점

지구에 미안해서 시작한 가게, 지금 모습은

제로웨이스트 숍은 친환경적 라이프스타일을 고수하거나 실천의 첫발을 딛고자 하는 모두에게 꼭 필요하고 도움 되는 장소이다. 2018년 첫 전문 가게가 등장한 이래 지역마다 꾸준히 증가하면서, 제로웨이스트 실천의 필요성을 느끼던 사람들은 국내 친환경 소비 의식 성장과 함께 제로 숍도 순탄히 확산하리라 믿었을 것이다. 그런데 지역, 동네마다 가게가 생겨나는 소식에 뿌듯해한 것도 짧은 순간, '제웨 숍'의 확장세는 불과 수년 만에 과거의 이야기가 되려 한다. 근본적인 이유가 아닐 순 있어도 팬데믹 시기를 거치며 하나둘 문을 닫기 시작했고 최근에도 소셜 미디어를 통해 피치 못할 영업 종료 이야기를 전해 듣는다. 2021년 이후로는 불과 일 년 사이에 약 20%의 가게가 문을 닫았다는 통계가 나오기도 했다.

<제로제로>도 제웨 숍이 조금씩 사라지는 걸 감지했는데 편집부가 제작 배포하던 환경 무가지의 반송 건수가 매회 늘었기 때문이다. 때로 주인장의 설명을 들어보면 보증금이 올라 이사할 곳을 찾는다거나 매출 상황이 좋지 않다는 이유가 대부분이었다. 요즘같이 가치 소비를 중시하는 시대에 친환경 제품에 대한 소비자의 관심도 커지기 마련인데 있던 가게도 계속 사라진다니. 가게들은 팬데믹 여파라는 점에 위안을 삼았지만 현재까지도 상황은 마찬가지다.

실제 한 번이라도 가게를 이용해본 소비자가 꼽는 문제는 예전과 변함없이 크게 3가지, 위치와 가격대 그리고 제품의 다양성이다. 우선 제로웨이스트의 적극적 참여자가 아닌 한, 일반 소비자는 가까운 마트에서 생필품을 구입하고 싶어 한다. 지역적 분포를 보면 전국 곳곳에 위치한 듯해도 실제 내 집 앞에 있는 경우는 많지 않으니, 발품을 팔아야 하는 점이 큰 애로사항이다. 막상 찾아가 제품들을 살펴보면 다소 비싼 가격에 쉽게 손이 가지 않는다. 마트에서 묶음 단위로 저렴하게 살 수 있는 생필품을 이곳에서 개당 몇천 원에 구입하자니 아직은 단골 되기가 망설여진다. (물론 제로웨이스트 숍이 물건을 파는 목적으로만 존재하는 건 아니라 해도 말이다.) 마지막으로, 제웨 숍도 대형 규모가 아닌 이상에는 제품군이 다양하지 않다는 지적도 있었다. 이는 동네마다 적은 비용에 작은 규모로 운영하거나 숍인 숍 개념으로 마련된 공간도 꽤 많은 만큼, 제품 구성 정보를 찾아보고 들르는 게 방법일 듯하다.

제로웨이스트 숍은 단순한 물건 판매만이 아닌, 실천 운동의 동네 거점이 되는 데에 큰 의미를 둔 공간이다. 그러나 팬데믹 이후로 찾는 손님이 줄면서 이런 근본 취지도 조금씩 흔들리기 시작했다. 판매가 안 된 제품이 재고로 남으면 결국 폐기될 수밖에 없어, '제로웨이스트' 정신과는 달리 오히려 낭비로 이어지기 때문이다. 이렇듯 매출 감소와 재고 부담 또한 많은 주인장이 고민하는 큰 문제 중 하나라고 한다.

한편으로, 효율성만을 중시하는 우리 사회의 '가치 단일화'야말로 제로웨이스트의 실천, 또는 숍 이용을 힘들게 하는 부분일 수 있을 것이다. 불편함이라는 개념 또한 부정적 가치로 전락해버렸기 때문이다. 외식문화가 발달하고 배달 앱을 켜는 순간 모든 것이 해결되고, 어떤 물건을 고치고 수선하는 기술이 없어도 부담 없이 새것을 사 쓸 수 있는 세상. 이러한 시장 인프라 속에서 작은 필요를 채우기 위해 소비를 계획하고, 구매를 위해 특정 준비물을 챙겨서, 아주 가까운 내 생활 영역 안에 없을지도 모르는 숍까지 발걸음 하는 일은, 아마도 시대 역행을 넘어나 자신에게 고통스러운 행위일 수 있다. 단지 오래, 꾸준히 이용하면서 제로웨이스트 숍 단골이 된 소비자는 확신을 갖고 말한다. 첫 허들을 넘기 위한 불편함을 겪을지 몰라도, 물건의 생산부터 폐기에 이르는 과정을 들여다보고 공감하며 제로웨이스트를 삶에 적용해가는 시간과 과정을 조금만 인내한다면 누구나 자연스럽게 실천 가능한 부분이라고.

그렇다면 연대와 소비자 인식 개선을 통해 탄탄한 제로웨이스트 거점으로 존재하기 위한 제웨 숍의 순기능과 이곳을 현명하게 이용하는 우리의 소비 자세는 어떠해야 할까. 우선 가게는 단순히 돈과 물건이 교환되는 찰나의 순간에서 얻을 수 있는 휘발성 뿌듯함을 넘어서, '제로웨이스트'라고 표현되는 제품이 포장 없이 진열되기 위한 기준을 직간접적으로 느낄 수 있게 해줘야 할 것이다. 즉 물건의 생애주기 전체와 그 순환 과정을 보여주고, 구매 이후의 관리를 위한 생활 기술 콘텐츠, 클래스 등을 진행하는 방식이다. 이곳을 통해 건강한 소비의 방향과 전체적인 맥락을 파악하고, 이후의 소비에 있어서는 '나만의 소비 기준'을 만들 수 있는 영감을 얻는 장소가 되는 것이 진정한 순기능이 아닐까 생각한다.

참고문헌
여성경제신문 지구한테 미안해서 버텼지만… "현실이 따라주지 않네요"
제주의소리(http://www.jejusori.net)
제로제로 매거진 the first step to zero(더피커 인터뷰)

73

Zero • Talk

모순과 싸우는 매일이지만
함께여서 가치 있습니다

올여름 제주에서 열린 '당신은 지구별 여행자입니다' 워크숍에서는
전국 제로웨이스트 숍 운영자와 친환경 실천 활동가가 한데 모여, 가게
운영상의 고민과 대안에 관해 이야기를 나눴다. 좀 더 나은 환경을
만들자는 사명감에 용기 내 동네 가게를 연 그들이 '지쳤다', '외롭다'고
말하는 이유는 무엇일까. 앞만 보고 열심히 활동하자니 그 목적과
방향을 잃어버릴 것 같은 불안감은 어떤 문제에서 비롯되는 건지, 그리고
어떤 대안이 필요한지, 그들의 생각과 말을 담아보았다.

이하경, 산제로상점

황다정, 환경 활동가

이정연, 1.5도씨

권은선, 숲을

박소현 마르띠나, 바오로가게

이경미, 지구별가게

김연정, 노노샵

유혜현, 지구랭

"혼자 하고 있다는 느낌이 들 때 가장 힘들어요"

사실 쉬운 일이 아니라는 걸 알고 시작했음에도, 어느 순간 '나만 하고 있는 것 같다'
라는 느낌이 들곤 하는 거죠. 손님이 오지 않는 상황도 그렇고, 뭔가 열심히 활동은
하고 있는데 좀처럼 변화가 느껴지지 않는 시기가 있었고, '이건 일회성인가' 싶은
느낌이 들기도 하고요. 아무래도 저희는 상점의 개념보다는 제로웨이스트 운동의
거점 역할이라고 생각하게 되었습니다. 단지 환경문제의 영역은 개인이 노력해야
할 부분도 있지만 결국 공공의 노력이 필요하다고 생각합니다. 함께 가야 변화를
이룰 수 있어요. 정책적으로도 각 골목마다 제로 숍이 존재하는 등 소비자가 쓰레기
없는 제품을 선택할 수 있는 환경이 만들어져야 하고요. 불필요한 소비를 조장하지
않는 상점을 개인이 운영하기엔 높은 임대료와 인건비로 인해 지속하기가 어려운
게 사실이에요. 상점 이상의, 공간이 주는 환경적 가치를 지속하기 위해서는 정부,
공공의 지원이 필요하다고 생각합니다. 제로웨이스트가 당연한 사회가 된다면
힘들이지 않고 제로웨이스트할 수 있는 것도 더 많아지겠죠. (이하경, 산제로상점)

"여전히 인식 개선이 부족한 것 같아요."

무엇보다도, 소비자의 사고와 생활 방식을 바꾸는 것은 좀처럼 쉬운 일이
아닙니다. 개인의 라이프스타일은 결국 자기 삶의 정체성을 만드는 '선택의 문제'
고 제로웨이스트 역시 같은 맥락이니까요. 매일 사용하는 생필품, 즉 기본 소비재가
'어떤 소재와 원료'로 만들어졌는지 확인하고 선택하기까지 나름 여러 가지
생각의 단계가 뒤따릅니다. 예를 들어 처음 대나무 칫솔이 알려지기 시작했을 때
'칫솔모는 자연분해되는 것이 아닌데 몸체만 바꾼다고 효과 있을까'라는 의문이
컸고, 최근까지도 '껍질 벗겨 말려 만든 천연 수세미 가격이 이래도 되는 건가'
라는, 가격대에 대한 소소한 불평은 여전히 이어지고 있어요. 그러니 가치 소비가
대세라고 해도 결국 적극적으로 사용하는 사람은 여전히 한정적이고, 그런 면에서
제로 숍의 물건들이 필수 구비템으로 꾸준히 팔리는 데엔 한계가 있는 거죠. 물론
가격의 형성은 단순히 원재료의 단가만으로 책정될 수 없는 건 분명하지만, 만약
제로웨이스트 제품들의 가격대가 통상적으로 소비되던 것들에 맞춰질 수 있다면
해결점에 좀 더 다가갈 수 있지 않을까 싶습니다. (이정연, 1.5도씨)

아직까지도 많은 사람이 제로웨이스트에 대해 잘 알지 못하는 것이 가장 아쉬운
부분이고 그만큼 홍보도 필요한 것 같습니다. 직접 만나 친환경적인 삶에 대해
이야기하면 대부분 동의하지만, 막상 친환경 제품을 사용하여 실천하는 일에
대해서는 소극적인 경우가 많아요. 생활방식의 차이, 경제적 이유, 생소한 물품에
대한 조심스러움 같은 요인들이 있을 것인데, 결국 일상 문화로 보편화하기까지는
조금 더 시간이 필요할 거라고 생각합니다. 그래서 저희는 지역 고객과의 소통과
더불어 성당 방문 홍보와 판매, 비영리민간단체 교육 등의 강의 활동, 초등학교
환경교육 강의 활동 등 다양한 경로로 제로웨이스트를 알리고 있습니다.
또 온라인 활동의 중요성도 큰 만큼 인스타그램을 포함한 SNS를 통해 지속적으로
소통하고요. 그럼에도, 전국의 제로 숍이 보다 활성화하려면 가장 우선적으로
해결해야 할 문제는 정책적인 제도화라고 생각합니다. 일회용 컵 보증금제 등
피부에 와 닿는 제도 시행이 필요하고 '플라스틱 전 주기 관리'처럼 자원이 제대로
재활용되면서 쓰레기를 줄일 수 있는, 산업 전반의 변화가 필요한 시점인 것 같아요.
(박소현 마르띠나, 바오로가게)

"재고 관리와 제품 조달이 고민입니다."

저희는 온라인으로 친환경 제품을 소개하고 판매하는데, 다양한 브랜드 제품을
사입해 구비해두고 소비자가 선택하면 한 박스에 담아 보내드려요. 이런 경우
판매사들이 저마다 택배를 보내는 일이 없어 탄소배출을 줄일 수 있다는 장점이

있고요. 하지만 사입이다 보니 재고 관리가 쉽진 않습니다. 비누의 경우 유통기한이 있고 고체 치약과 대나무 칫솔은 습기에 약한 편이라 관리가 필요하죠. 그리고 일부 제품은 제조사가 판매 부진을 이유로 더 이상 생산하지 않는 일도 종종 있어 고민입니다. 재고 관리에 드는 고민과 시간을 줄이기 위해 사입하는 제품의 수량을 최소화하고 있어요. (유혜현, 지구랭)

"관공서의 무관심한 태도가 지역 활성화를 막습니다."

관공서와 캠페인을 진행한다 해도 담당관의 보직 변경으로 지속 가능하게 진행하기 힘들다는 점, 그리고 자원 순환부터 손님을 위한 환경교육, 진정성 있는 환경 활동까지 모두 가게 스스로 하고 있지만, 이 부분에 대해 관공서는 아무런 도움을 주지 않는다는 점을 들 수 있어요. 이런 문제를 깨닫기 전에는 관공서가 문제를 함께 해결해주길 바랐죠. 그런데 (아이디어만 가져가고) 성과 보여주기식으로 진행되는 과정을 경험하면서 이건 아니라는 느낌을 받았습니다. 그래서 지금은 나와 내 주변 사람들과 열심히 하자는 주의로 바뀌면서 활동을 잇고 있어요. 개인적으로 현대 사회는 소통 부족으로 인해 생기는 사회적 문제가 많다고 생각합니다. 이 부분이 해결되지 않은 상태로 과연 환경을 바꿀 수 있을까 하는 의문이 생겼고, 그렇다면 동네 (1.5도씨) 매장에서 그 문제들을 조금이라도 해결해보자고 다짐했어요. 그래서 소통하는 시간을 많이 갖고, 직접 가게 밖으로 나가 활동하며 알리려고 노력 중입니다. 인식 개선을 위해 전국 '제웨 숍'이 함께 모여 브레인스토밍 등으로 해결 방법을 모색하는 것도 좋은 방법일 것 같아요. (이정연, 1.5도씨)

"전국 가게들의 연대와 소통이 필요한 시점입니다."

2022년 한 해 동안 동업 형태로 '보틀앤스쿱'을 운영했습니다. 쓰레기 없이 장 보는 방법에 대한 고민 끝에 다양한 식료품의 소분 판매 숍을 만들었어요. 단지 열정만으로 버티기엔 현실적인 문제(임대료 같은)를 무시할 수 없었고 개인적으로 장사 체질이 아닌 것도 깨달았어요. 활동가로서 지구를 지키자고 외치는 건 얼마든지 하겠는데, '사장님'이란 타이틀을 달고 하려니 지칠 수밖에 없는 부분도 생겼어요. 노노샵 총괄 매니저로 일하면서 가장 중요하다고 느끼는 건 제로웨이스트 숍들의 연대입니다. 저희 가게에서 스태프 모두가 올플레이어가 되고자 노력하는 것처럼, 전국의 제로 숍 사장님들도 서로의 힘이 되어줄 연대를 만드는 게 필요할 것 같아요. 각 지역에서 알게 모르게 고군분투하고 있는 모두가 힘을 내고 지치거나 포기하지 않도록, 그리고 계속해서 작지만 단단한 목소리를 낼 수 있도록 서로에게 관심을 가지면 좋겠어요. 지역 간에 협업해 캠페인이나 워크숍을 진행해보고, 제조를 하는 가게라면 같이 공동구매도 해서 좋은 제품을 같이 알리기도 하고요. (김연정, 노노샵)

예를 들어 고체 치약의 경우 규모 큰 가게들은 자체 브랜드 제품을 만들어 판매해요. 그런데 생산처는 한 곳인 데다가 최소 주문 수량이라는 장벽이 있어 결국 어디나 상당한 재고 부담을 안게 되죠. 여기에 현행 유통구조까지, 작은 가게들이 감당하기에는 어려운 부분이 많습니다. 그래서 우선은 필수로 여겨지는 5개의 품목부터 공동 브랜드 제작을 시작해보자고 제안했어요. 동의를 하는 제로 숍들이 모여, '한 군데 생산처를 두고 나눠 사용하는' 생협처럼 공동구매를 하는 형식입니다. 재고 부담 없고 단가는 낮추고, 이런 문제로 고민할 필요가 없어지는 데다가 결국은 제로웨이스트 생활 보편화에도 도움이 될 거예요. 이런 의견을 모으는 작업은 올해 말까지 계속 이어나갈 계획이고, 연결을 통해 제로웨이스트 생태계를 지속 가능하게 만들고 싶습니다.
(이경미, 지구별가게)

전국의 온/오프라인 제로 숍이 하나의 단체로 모이면 많은 문제가 해결될 수 있지 않을까 생각합니다. 현재는 개개인의 역량으로만 각 숍을 운영해 생존해야 하는데, 힘에 부치는 경우가 많거든요. 제로 숍들의 연합체가 있다면 공동 홍보를 하고 공동 제품을 개발하고, 규모의 경제로 낮은 단가에 제품들을 구입할 수 있지 않을까요. 그리고 더 나아가 정부, 기업들과 협의를 할 수 있게 되고 지원을 끌어낼 수도 있을 것이고요. (유혜현, 제로랭)

Shop & Info.

우리 동네, 버릴 것 없는 가게

일회용품을 대체할 물건을 구해 사용하는 일은 제로웨이스트러의
필수 실천 단계. 가게를 관심 있게 살펴보면 저마다의 가치관을 담은 제품
선정부터 캠페인까지, 다채로운 운영 이야기도 살펴볼 수 있다. 내 집앞에
있지 않아도 가볼 만한, 초보 제로웨이스트러 추천 가게를 모아보았다.

노노샵

서울 이태원 위치한 비건, 제로웨이스트 카페 겸 그로서리로, 리필스테이션도
운영한다. 모든 공산품과 식료품, 카페 메뉴, 디저트까지 100% 비건을 고집하며
유기농, 무농약, 공정무역, 국산, 국내 생산/제조, 업사이클링 등, 친환경적 측면의
의미를 최우선 순위로 고려해 선정한다. 누구나 쉬어갈 수 있는 따뜻하고 재미있는
공간 콘셉트로, 비건 제품과 맛있는 먹거리를 팔고 화장품 리필스테이션이 있고,
대체유로 만든 커피 음료를 마시고 여기에 비건 디저트도 곁들여 먹고, 또 비치된
환경 도서를 읽으며 시간을 보낼 수도 있다. 매장을 즐기는 동안 지구를 살리는 일에
동참하고 싶은 마음이 새록새록 생겨난다. @nonoshopseoul

Mini Interview _ 김연정 (총괄 매니저)
스태프로 일하게 된 계기는 제로웨이스트 그로서리 숍 '보틀앤스쿱'을 일 년 동안
운영하다가 가게 문을 닫던 시기에 방송인 줄리안 님을 만나게 되었다. 가게 폐업
소식이 알려지면서 줄리안 님이 필요한 중고 기자재를 매입하고 싶다고 연락, 반
이상의 물품을 구입했다. 이후에 함께 일하면 좋겠다는 연락을 받았고, 큰 고민
없이 지구를 살리는 일에 새롭게 동참했다. 무엇보다도, 내 힘만으로는 끝까지 해낼
수 없었던 식품 소분 판매에 대한 꿈을 이어나갈 수 있다는 생각에 열정도 다시
불타올랐다. '보스'에서 거래하던 대부분의 업체들과 노노샵에서도 자연스럽게
연을 이어가고 있으며, 벌크 포장으로 쓰레기 줄이기에 동참해준 업체들 덕분에
제로웨이스트 실천도 지속하고 있다.
어떤 분이 자주 찾는가 #이태원핫플, #이태원비건 카페 등의 검색을 통해 찾아오는
분이 많고 사장님의 지인도 적지 않다. 제로웨이스트나 비건에 관심 가진 분들이
SNS나 주변 지인들의 입소문을 통해 방문한다. 제로웨이스트를 실천하는 분들의
경우 사는 동네(또는 근처 지역)에 멸균팩을 갖다 줄 곳이 없다, 화장품 리필할 곳 없다,
그래놀라를 리필로 구매할 수 있는 곳은 없다 등등, 인터넷 검색을 통해 정보를
알아본 뒤 들르는 경우도 많다. 특히 세탁세제나 샴푸 등을 리필하러 주기적으로
오시는 손님도 조금씩 늘고 있다.
운영상의 특화점은 비건부터 제로웨이스트, 자원 순환에 관련한 지식은 물론이고
팝업 행사의 기획, 준비, 운영까지 스태프 모두가 멀티 플레이어가 되어야 한다는
것! (여기에 커피도 잘 내려야 한다^^). 각 분야에 대한 이해도가 깊어야 하고 행정과
모든 실무에 능해야 하니 가끔 벅찬 부분이 생기기도 한다. 개선점을 찾기 위해
팀원들과 끊임없는 대화를 나누고, 회의를 통해 구체적인 해결책을 마련해나간다.
카페와 그로서리, 제로웨이스트 분야로 나뉜 각 파트 팀원들이 서로의 분야에 대한
공부도 함께하면서 올 플레이어가 되기 위해 에너지를 쏟는 중이다.

더커먼

'지속가능'을 키워드로 운영하는 대구의 비건 밀카페 겸 제로웨이스트 숍,
리필스테이션, 문화예술과 커뮤니티를 아우르는 대구의 복합문화공간. 레스토랑
및 식료품점을 운영하며 로컬 채소를 기반으로 한 다양한 팝업 메뉴를 선보인다.
제로웨이스트 생활용품 및 소분 숍 운영, 쓰레기 없는 장보기가 보통의 쇼핑 문화가
될 수 있도록 소분 상점 운영을 통해 100여종의 식재료, 세제, 화장품 등을 포장
없이 판매한다. 또한 로컬 기반의 '보통의 커뮤니티'를 운영하면서 지속 가능한
삶에 대한 고민과 영감을 나누는 다양한 워크숍과 강연 등을 기획한다. 환경문제를
기반으로 한 다양한 형태의 문화예술 프로젝트 소식은 SNS를 통해 확인해보자.
@common.for.green

베러얼스

더 나은 지구를 만들기 위한 모든 사람들의 시작을 응원하는 라이프스타일 편집
숍. 서울 송정동에 도시 공생 프로젝트로 만들어진 '1유로 프로젝트'에 입주한 17
개의 브랜드 중 하나로 입주했다. 베러얼스는 다양한 친환경 생활 제품과 함께 연필,
코끼리똥 재생노트 등의 문구류 등도 판매하며, 착한 먹거리 코너에서 유기농이나
비건 간식을 판매하기도 한다. 유기농 쌀과 파스타, 그래놀라 소분 구입도
가능하다. 리필스테이션이 마련돼 있어, 공병을 가져오면 친환경 주방세제도
원하는 만큼 살 수 있다. @better_earth_zerowaste

1.5도씨

서울 관악구에 위치한 생활밀착형 제로웨이스트 가게. 카페와 자원 순환 수거를 함께 운영하며 환경교육, 그림 수업도 진행한다. 원래 환경 관련에 관심은 가졌지만 개인적인 실천 방법은 잘 몰랐던 주인장은 대형 커피 전문점에서 2년간 일하는 동안 일회용 용기가 엄청나게 소비되는 모습을 직접 확인했고, 팬데믹 기간 동안 일회용기 사용이 급증했다는 기사도 많이 접했다. '혼자서 할 수 있는 것부터 하자'는 생각으로 조금씩 공부를 했고, 이후로는 다른 사람에게도 알리고 싶어져 가게를 구상, 문을 열었다. 가게 유지를 위해 수익이 어느 정도 보장되어야 해서 카페도 운영한다. 환경과 관련되고 교육, 인식 개선에 도움 될 수 있는 물건들(공정무역, 플라스틱프리, 새활용&재활용, 리필스테이션, 비건, 우리나라 생산 위주, 토종법, 기부 등)로 제품을 구성했다. 또 미술관람 등 문화적 시간을 보내거나 잠시라도 휴식을 취할 수 있는 공간을 마련해두었다. @1.5_do_c

Mini Interview _ 이정연(대표)

제품 선정의 기준은 제품 기준을 설정하려면 당연히 제품에 대해 잘 알아야 한다. 친환경이라고 홍보하지만 자세히 들여다보면 아닌 제품들도 꽤 많기 때문이다. 생분해 비닐이라 하고 실제 정부에서 제시하는 기준에 맞게 광고를 하더라도 잘 들여다 보면 우리가 생각하는 효과로서의 완전 자연분해가 아닌 것들이 있다. 또 옥수수 전분을 사용한 플라스틱이라고 하는데 사실은 일부 사용되었을 뿐 다른 플라스틱과 섞여 오히려 재활용이 어려운 제품들도 있다. 따라서 정말 친환경적인가에 대해 공부하고, 제품을 파는 기업에도 질문을 하면서 친환경 제품에 대한 상식을 많이 늘려야 한다. 내 경우엔 스스로 정보를 찾아보고 사용해보는 한편, 서울환경연합, 환경부 등 환경 관련 정확한 정보를 제공하는 단체의 웹사이트나 출판물로 공부한다.

캠페인과 모임 활동이 많다 깡총플로깅은 손님들과 저희 아이가 동네 공원에서 소소하게 진행하던 것을 다른 제로웨이스트숍 대표님들께도 같이하자고 제안했고, 주기적으로 해보자는 의견이 맞아 시작했다. 거창한 이벤트처럼, 많은 쓰레기를 주우러 다니는 것이 아니라 함께 소통하고 환경감수성을 알릴 수 있는 동네모임 형식이다. 매달 선착순 10명을 받고 3번 이상 참여하신 분을 크루로 결성해 자유롭게 참여하는 방식이다. 1.5메이트는 매장 단골들과 나눈 소소한 이야기로 시작되었으며, 뜻을 함께한 사람들이 모여 1.5마켓 등 다양한 활동을 진행했다. 한 달에 한 번 메이트들이 지닌 능력을 자발적으로 발휘해 마켓 콘셉트 아이디어부터 준비물까지 체크하며, 2년째 마켓 운영과 함께 봉사활동, 환경활동, 기부까지 이어나가고 있다. 최근에는 제인 구달 박사의 환경운동 모임 뿌리와새싹에 선정되어, 박사님 방한 시 그동안 해온 활동 소개도 할 수 있었다.

어떤 공간이 되기를 바라는가 나와 나의 삶을 소중하게 생각하는 것이 지속 가능한 일상이라는 것을 알리는 공간이 되었으면 한다. 몸과 마음이 건강하면 여유로워진 마음으로 세상을 보고 환경과 다양한 사회 문제에도 관심을 가질 수 있다고 생각하니까. 또 지금처럼 다양한 활동들을 통해 환경 실천이 결코 어렵지 않음을 꾸준히 알려 나가려고 한다.

원점

서울 성수동에 위치한 제로웨이스트 숍이자 누구나 직접 업사이클을 체험할 수 있는 '플라스틱 업사이클 체험 복합 공간. 200여 종의 생활 소품과 함께 폐플라스틱을 직접 디자인하고 가공한 '업사이클링' 제품을 판매하는 한편 '키링 만들기' 등의 플라스틱 업사이클 체험 클래스도 주기적으로 연다. '폐우산 수거함'을 통한 우산 수리센터 기부 등의 환경 관련 캠페인까지 적극적으로 진행하고 있으며, 이외에 SNS상의 제로웨이스트 정보 공유도 눈여겨볼 만하다. @one_zeom

덕분애(愛)

강남 지역의 첫 번째 제로웨이스트 숍. '플라스틱 다이어트 가게'로 알려졌다(완전히 쓰지 않을 수 없으나 최대한 줄일 것). 오프라인 매장의 1층은 비건 음식과 식료품을 파는 '비푸스', 2층은 제로웨이스트 매장이 마련되어 있다. 친환경 세제, 화장품, 커피, 곡류 등을 소량으로 구매할 수 있는 리필스테이션 공간을 마련해 개인 용기나 매장에서 대여하는 용기를 통해 쓰레기 없이 세제, 잡곡, 커피, 차 종류를 담아갈 수 있다. 시즌별 재미있는 팝업 마켓을 연다. @thanksto___zerowaste.seoul

더피커

'건강한 소비가 만드는 건강한 지구'라는 슬로건으로 활동해나가는 국내 최초 제로웨이스트 숍이자 라이프스타일 플랫폼. 포장폐기물의 감소를 위해 생활 용품을 포장 없이 판매하며 순환을 위한 소비의 회복을 꿈꾼다. 단순히 무포장의 무엇인가를 판매하는 매장 차원에 머무는 것이 아니라, 물건이 무포장으로 진열되기 이전의 생산-유통 과정에 대한 '제로 웨이스트적 기준'을 정립하고 소비자가 함께 참여하게 만드는 것. 뿐만 아니라 무포장 제품을 구매한 이후의 올바른 사용법과 수리, 수선 방법을 제안하고 폐기 방법에도 관여하는 행동 전반을 제공한다. 이렇듯 물건의 생애주기를 통해 소비자의 라이프스타일을 제안하기 때문에 '삶'이라는 주제의 수많은 것들이 모이고 흩어지는 플랫폼이기를 원하고, 그러한 활동을 이어나간다. @thepicker

지구랭

'친환경 제품의 처음 시작'을 돕는 온라인 플랫폼. 친환경 제품을 써보고 싶지만 낯설고 생소해 주저하는 분들에게 도움을 주고자 시작했으며, 먼저 써본 사람들의 경험을 모아(평가점수+리뷰) 안 써본 사람들에게 랭킹, 점수 등으로 정보를 전하는 방식이다. 플랫폼을 연 계기는 대표의 경험이 바탕이 된 것으로, 처음 제품을 구입하려 했을 때 주변에 써본 사람이 없고 후기도 일일이 찾아보기 어려웠다. 친환경 제품 구입도 돈을 들이는 소비인데 실패하고 싶지 않았고, 만족 소비를 위해서는 객관적 평가와 후기가 필요하다는 생각에 직접 플랫폼을 만들었다. '지구를 구하는 랭킹'은 먼저 써본 사람들의 솔직한 평가로만 이뤄진다. 사이트에서 해당 제품을 구매한 사람과 지구랭의 정직한 평가단을 통해 평가받은 점수를 지구랭에서 합산, 평균해 점수를 표시하고 랭킹화한다. https://jigoorang.com @jigoorang

Mini Interview _ 유혜현(공동 대표)
자주 찾는 소비자의 라이프스타일 유형은 찐그린슈머가 많은 편. 주로 20~40대 여성들로, 친환경에 대한 관심이 높은 데다가 직접 실천 행동을 하고 이를 SNS로 표현하는 분들이 대부분이다. 이분들은 친환경 제품을 사용한 뒤 자신의 경험을 다른 사람에게 알리는 데 적극적이다. 실제 써보니 어땠는지를 SNS상에 구체적으로 올리는 분들로 그린슈머, 그린인플루언서라고 볼 수 있다. 그 덕분에 현재까지 약 4천여 개의 정직한 진짜 경험(사용 후기)들이 모여 있다.
평가단 활동과 결과의 반영은 어떻게 이뤄지나 '정직한 평가단'은 일반 홍보나 광고성 체험단과는 다르다. 대부분 체험단 활동이 무료로 제품을 받고 자신의 SNS에 홍보 글을 올리는 방식인데, 그럴 경우 제품의 경험이 왜곡될 수 있고 타인에게 마케팅 용도로 보일 수 있어 믿음이 가지 않는 경우가 많다. 반면 지구랭 평가단께는 모집 신청 때부터 제품 발송 및 평가 기간까지, [제품을 충분히 써보시고 정직하게 '지구랭'에만 평가를 남겨주세요]라는 공지를 드린다. 그렇게 모인 정직한 평가들은 구매자의 평가와 합쳐져 해당 제품의 점수, 랭킹에 반영된다.
어떤 역할의 공간이 되기를 바라나 쉽고, 편하게 친환경 제품에 대해 정보를 얻고, 먼저 써본 사람들의 평가/랭킹을 참고해 스마트한 선택을 하는 데 도움이 되는 플랫폼이 되었으면 한다. 그리고 친환경 제품 제조사들에게는 지구랭 플랫폼이 다양한 소비자를 만날 수 있는 창구로서 소비자들의 정직한 평가를 통해 자신의 제품 개발이나 보완에 반영하며, 친환경 소비 시장을 넓히는 좋은 동반자가 되면 좋겠다. 지구와 사람에 더 좋은 제품들이 만들어져서 지구를 구하는 소비가 이렇게 쉽구나, 좋구나 하고 감탄하는 플랫폼이 되기를 희망한다.

달팽이가게

전남 담양에 위치한 세제 리필 겸 제로웨이스트 숍. 열 평 남짓한 공간 속에 친환경 살림 & 생활 소품이 실로 다양하게 구비되어 있어 둘러보는 재미가 가득하다. 지구에도 우리에게도 더 나은 물건을 만날 수 있는 장소이자 손님의 즐거운 방앗간이 될 수 있도록 공간을 구성해가는 주인장의 애정이 담뿍 느껴진다. 소분 판매 코너에서는 유기농 월계수잎, 생명역동농법 허브티, 공정무역 원두 등을 소량 구입할 수 있고 비건 스테이크와 비건튜나, 초콜릿 등의 식품도 만나볼 수 있다. 인도 원단, 그림 도구와 코끼리 똥종이 노트 등 문구류, 삼베실로 직접 뜬 수세미 등 선물하기 좋은 아이템도 눈여겨볼 것. 네이버 스마트스토어와 블로그도 운영 중이다. @dalpyshop

낯설여관 204호

수원에 위치한 낯설여관은 과거 여행자들이 잠시 쉬어 가던 '여관'의 공간적 기능에 착안해 만들어진 복합문화공간. 일상 여행가가 책과 사진을 통해 지친 마음을 달래고 쉼을 얻는 콘셉트로, 204호는 동네 책방과 제로웨이스트 숍이고 옆 203호는 사진관과 작은 영화관으로 구성되었다. 책방 한편에 마련된 제로웨이스트 제품 코너에서 세탁세제, 섬유유연제, 주방세제 등의 리필스테이션도 함께 운영한다. 커피 원두, 볶은 보리차, 그래놀라, 쌀파스타, 프레첼 등의 식재료도 포장 없이 원하는 양만큼 구입 가능하다. @ridinn.book

내일상회

생태전환마을 내일협동조합에서 운영하는 강릉 지역의 제로웨이스트 숍. 다방면에서 활동하는 강릉 지역 청년 활동가들이 환경의제지원센터의 청사진을 그리며 마련한 공간에서 출발했다. 대용량 제품(벌크 상품)을 가져온 용기에 소분하는 생활재 공유 문화의 일환인 '적당한학교'를 열고 있으며 여행자들도 참여해 치약, 샴푸바 만드는 법을 배우고 가져갈 수 있다. @tomorrow__market

바오로가게

광주대교구 평생교육원 내에 마련된 지구살림가게. 2000년부터 광주 광산구에서 바오로일터라는 장애인 직업재활시설을 운영해왔고, 친환경 어묵을 만들어 판매하며 지역사회에서 사랑받았다. 작년 우크라이나 전쟁이 발발하면서 불가피하게 어묵 생산을 중단하고 업종 전환을 하게 되었고, 아파하는 지구를 돌보는 데 함께하고자 바오로일터의 제로웨이스트 숍을 시작했다. 가게를 거점으로 한 지역 고객과의 소통과 더불어 성당 방문 홍보와 판매, 비영리민간단체 교육 등의 강의 활동, 초등학교 환경교육 강의 활동 등 다양한 경로로 제로웨이스트를 알린다. 또 인스타그램을 포함한 SNS를 통해 지속적으로 소통한다. @baorogage

Mini Interview _ 박소현 마르띠나(시설장)

가게의 특화점은 바오로일터에서 근무하는 장애인분들이 바오로가게에서 함께 일하며 생활용품부터 먹거리까지 다양한 친환경 제품들을 판매한다. '노플라스틱'을 지향하며 지속 가능한 삶을 위한 물품들을 소개하며, 무엇보다도 로컬과 지역공동체의 상생이 중요하다고 생각한다. 최근에는 남도에서 생산된 건강한 곡식으로 그래놀라를 만들어 이상기후로 미래 화두가 될 식량 자급과 우리 농산물의 중요성을 알려나가는 중이다. 아직 이런 주제들이 생소한 것이 사실이지만 다양한 참여 이벤트를 진행하면서 관련 문제들을 알려나가고자 한다.

어떤 분들이 자주 찾는가 환경과 지속 가능한 삶에 대해 관심을 갖는 분들은 의외로 많다. 매장이 천주교 광주교구 평생교육원 내에 자리해 천주교 신자들이 많은 편이다. 제로웨이스트 숍이 지역 내에 적다 보니 먼 곳에서 찾아오는 단골 고객도 있고 20~30대의 젊은 분들이 세제를 리필해 가기도 한다. 뚜렷한 가치관을 가진 장년층 고객도 있는데 이런 모든 분들과 만나며 희망을 읽는다.

어떤 역할의 공간이 되기를 바라는가 우리 가게가 제로웨이스트 실천가들의 거점 공간이 되었으면 한다. 운영법적 차원으로 활동을 많이 하고 있지만 앞으로도 지역사회를 아울러 전국적인 네트워크 활동을 계속해나가고자 한다.

지구샵

서울 연남동에 위치한 환경 제품 편집 숍이자 커피와 차, 간단한 샐러드를 맛볼 수 있는 카페 그리고 그로서리. 직접 제품을 만들기도 하고 다양한 플라스틱 프리 브랜드를 소개하기도 한다. 비누 형태의 샴푸나 주방세제, 폼 클렌징은 물론 대나무 칫솔, 반영구적으로 사용할 수 있는 여성용품, 옥수수 전분 컵 등 일회용품을 대체할 상품을 만날 수 있다. 온라인 숍 구매도 가능하며, 홈페이지에서는 각 제품의 사용 방법뿐 아니라 제로웨이스트 난이도, 배출 방법, 제품의 사회적 가치 등을 표기해, 소비자가 제로웨이스트를 좀 더 쉽게 실천할 수 있도록 돕는다. @zerowaste_jigu @jigushop_grocery

산제로상점

경기도 부천 지역의 첫 번째 제로웨이스트 숍. 주인장은 대안학교를 다니던 아들이 쓰레기를 주제로 한 프로젝트 수업을 하면서 문제의식을 갖게 되었고 환경감수성이 높아졌다. 다른 부모들에게도 조언을 하면서, 어느새 서로가 자극받고 의지를 모으게 되었다. 이후 알맹상점을 알고 이곳을 통해 탄소배출과 관련한 아이러니를 깨닫게 되면서, 우리 동네에도 이런 문제를 공유할 수 있는 공간이 있었으면 좋겠다고 생각했다. '우리가 하자'고 결심한 것이 산제로협동조합, 상점이 되었다. 기후위기 상황에서 우리 아이들의 미래에 대한 책임감이 무거워졌고, 조금씩 할 수 있는 부분을 해보자는 마음에서 가게를 꾸려나간다. 순환이 잘 되지 않는 자원을 모아 필요한 곳에 보내는 자원 순환 거점 역할도 한다. @sanzeroshop

Mini Interview _ 이하경(이사장)

가게의 특화점은 더 많은 사람들이 함께 하도록 인식개선을 위한 환경교육과 환경캠페인을 열고 있으며, 현재는 쓰레기 없는 행사 진행을 위한 제로웨이스트 다회용 케이터링 사업을 하고 있다. 한마디로 쓰레기를 줄이기 위해서는 뭐든지 시도하고 해결해나가려고 한다. 가게는 핵심인 리필스테이션 운영과 함께 개인 용기에 세제, 먹거리, 농산물 등을 담아갈 수 있는 소분 판매를 하고 있으며, 생분해 소재와 다회용 제품들을 무포장 판매한다. 또 자원 순환 거점을 하면서 모인 작은 플라스틱으로 플라스틱 방앗간도 운영하면서 업사이클링 굿즈를 제작하는 체험행사를 진행하기도 했다.

어떤 분들이 자주 찾는가 처음 오픈했을 때만 해도 부천은 제로웨이스트가 낯설고 생소한 지역이다 보니 이미 알고 실천하는 제로웨이스트 고수 고객이 많았다. 이후로 열심히 캠페인과 교육을 진행하면서 알린 결과, 이제는 필요에 의해 찾아오는 분이 많아졌다. 그런데 알다시피 소비를 조장하지 않는 가게인 데다가 물건의 사용 주기가 있다 보니, 단골 고객이 찾는 데도 텀이 있긴 하다.

어떤 공간이 되기를 바라는가 산제로 상점이 처음 생겼을 때 많은 분과 함께하고자 했다. 육아로 경력이 단절된 경력보유 여성들, 취업의 기회가 많이 준 청년들, 일할 기회가 적은 장애인분들 등. 그렇게 그들에게 기회를 주면서 함께 성장해왔다. 소창 행주부터 비건 쿠키, 플라스틱 방앗간, 환경교육 강사 등 많은 분이 재미있게 꿈을 키울 수 있는 공간이자 사람을 만날 수 있는 공간이 되었으면 한다. 우리 아이들과 우리의 미래가 달렸으니 더 욕심내 활동하려고 한다.

Special Interview 1

'알맹러'와 만들어가는 제로웨이스트 플랫폼

고금숙 | 알맹상점 공동대표

착한 소비는 없고, 소비로 사회 문제를 제대로 해결할 수도 없다. 하지만 물건을 통해 많은
사람들에게 다가갈 수 있다. 한 사람의 완벽한 실천보다 모자라고 어설프고 가끔씩 자빠지는
100명의 실천이 사회적 물결을 만든다. 《알맹이만 팔아요 알맹상점》 중)

사진 제공 알맹상점

대표님 소개를 부탁드립니다.

저는 알맹상점 공동 대표이자 친환경·플라스틱 프리 활동가입니다. 가게를 열기 전에는 10년 동안 여성환경연대에서 유해물질과 건강 문제를 다루며 일했고, 그때부터 쓰레기를 덕질하는 '호모 쓰레기쿠스'였습니다. 당시 활동가와 덕후, 임금과 무임금 노동 사이에서 절반은 '발암물질없는사회만들기국민행동' 에서 일하고, 나머지 절반은 그저 좋아서 '알맹@망원시장'과 온라인커뮤니티 '쓰레기덕질' 활동을 한 것이죠. 그러다가 국내 첫 리필스테이션 개념의 제로웨이스트 가게를 연 뒤 알맹러들과 다양한 시민 환경 활동을 이어가고 있고요.

알맹상점의 오픈 스토리가 궁금합니다.

2018년 쓰레기 대란이 터진 시기에 '껍데기는 가라, 알맹이만 오라'라는 슬로건으로 망원시장 동네 모임 '알짜(알맹이만 찾는 자)' 캠페인을 진행했습니다. 6개월간 알맹@망원시장이라는 이름으로 전통시장에서 장바구니를 대여하고 카페에서 무인 세제 리필 숍을 열고, 마르쉐@혜화에서 리필 팝업 숍도 운영하는 프로젝트였죠. 그런데 이 시기를 통해 내린 결론은, '비닐봉지 규제 없이는 장바구니를 빌려줘도 일회용품 사용이 줄지 않는다'는 것이었습니다. 서울시 사업으로 지원했던 프로젝트를 끝내면서 여행을 떠났어요. 비닐봉지 사용을 전면 금지한 인도 카르나타카와, 전 세계에서 가장 강력한 비닐봉지 금지 정책을 펼치는 케냐로요. 이곳에서 비닐봉지 규제도 중요하지만, 시민 참여와 인식 또한 매우 중요한 문제라는 점을 깨달았습니다. 이렇게 위로와 새 각오의 시간을 가진 뒤 알짜 커뮤니티 2기를 시작했어요. 그때 양래교 님, 이주은 님이 참여하셨고 같이 (가장 열심히) 활동을 했어요. 당시엔 망원시장에서 '용기 내'를 해도 화장품과 세제는 용기에 담아줄 수 없는 상황이었는데, '이걸 우리가 한번 해보자'는 알짜 회의 끝에 세 사람이 사장이 되었습니다. 그렇게 해서 2020년 6월, '세상만사 모두 리필하고 싶다!'라는 마음을 모아 리필스테이션 알맹상점을 열었어요.

가게의 현재 운영방식과 활동을 소개해주세요.

국내 첫 리필스테이션이자 '한국형 제로웨이스트 숍'이라는 긍정적 기준을 제시한 공간으로 소개하고 싶습니다. 망원점은 현재 국내 기준으로 가장 다양한 제품과 리필 벌크 제품(약 300종)을 갖추었고, 서울역점은 제품 숍과 함께 일회용품 없는 비건 카페를 운영하고 있어요. 주요 활동은 이렇습니다. 우선 애초에 쓰레기가 발생하지 않도록 '리필 재사용 문화'를 확산시키고, '재활용 커뮤니티 회수 센터'를 통해 재활용되지 않는 쓰레기(병뚜껑, 종이팩, 반찬통 패킹 실리콘 등)를 모으고 있어요. 또 제로웨이스트 관련 교육으로 확장해, 창업 컨설팅과 도슨트 프로그램도 진행합니다. 전국 제로 숍들과의 연대도 구축되어서 전국 120여 개 상점이 모이는 온라인 모임이 있고, 환경정책부터 캠페인, 포스터까지 많은 정보를 공유해요. 각 상점들이 공통의 캠페인을 진행하기도 하고요. 이런 제로웨이스트 숍의 캠페인 문화는 한국에서, 우리만의 방식으로 만들어진 것이기에 더욱 뿌듯합니다.

알맹상점의 지속가능 비결은 무엇인지요.

현재 가장 많은 리필·제로웨이스트 제품을 보유하고 있다는 점과 함께, 단순히 소비 행위만 이뤄지는 공간이 아니라는 점을 들고 싶어요. 제로웨이스트란 삶의 방식과 그런 삶을 지향하는 사람들과 만나고, 이렇게 세상을 바꾸는 행동에 참여할 수 있는 거점이 되어주거든요. 온·오프라인으로 모인 알맹러들의 목소리는 꽤 큰 영향력을 지니는데, 대표적인 게 저희가 집중하는 '어택' 활동입니다. 글로벌 대기업 브리타를 대상으로 페필터 수거와 재활용이 이뤄지도록 했고(브리타 어택), '화장품 어택'을 통해서는 화장품 기업이 재활용이 힘든 용기에 등급 표시를 하고 공병을 회수, 업사이클링하게 만들기도 했어요. 우리 일상의 플라스틱 프리 캠페인 못지 않게 중요한 건 기업, 국가가 마련하는 대책이라고 생각하기 때문이죠. 모으면 실제 재활용이 가능한 품목의 쓰레기를 순환시키는 거점 역할도 하는데, 저희 가게의 '커뮤니티 자원회수센터'를 통해 재활용된 자원의 양도 상당하답니다.

가게를 운영하면서 힘든 점이 있었다면요.

우선 시작할 당시의 '벌크 판매' 제품의 확보가 어려웠습니다. 세제는 있었지만 화장품은 어디에도 없었거든요. 화장품법 개정으로 맞춤형 화장품 제조 및 소분 판매가 가능해졌지만 선뜻 공급을 약속받지 못했어요. 기껏해야 4L가 최대 용량이고 저희가 쓰는 20L짜리는 전무였죠. 이때 아로마티카에 의뢰했더니 '무조건 우리가 해야 하는 일'이라며 흔쾌히 승낙해주었고, 수개월 테스트 끝에 벌크 제품을 생산해 첫 리필 판매에 성공할 수 있었어요.

최근에는 아무래도 손님이 많이 줄고 있는 상황이 힘든 점인 것 같아요. 수년간 이어진 제로웨이스트의 유행이 한풀 꺾인 데다가 팬데믹 여파로 문 닫는 매장도 늘었고요. 게다가 가치 소비를 하려는 소비자 인식은 개선된 데 반해, 제품을 만드는 기업들의 근본적인 친환경 전환은 아직 부족함이 많죠. 그러니 가게마다 판매하는 제품이 비슷비슷할 수밖에 없고 지속적인 운영도 쉽지 않아요. 단지, 환경 정책에 관한 작은 것 하나를 이루는 데도 수많은 노력이 필요한 만큼, 당장 변화가 없더라도 꾸준히 노력하다 보면 사회를 바꿔내는 동력이 될 수 있을 겁니다.

알맹상점 책은 제로 숍 창업은 물론 환경 실천 입문서로서도 좋은 것 같아요.

그동안 공동 집필을 포함해서 여러 권의 책을 만들었습니다. 그중 《알맹이만 팔아요, 알맹상점》에서는 저희 세 주인장 이야기와 함께 창업 노하우, 캠페인, 자원 순환 이야기 등을 소개했어요. 제로웨이스트 실천에 대해 저희가 다른 책보다 더 잘 쓸 자신은 없었지만, '우리처럼 창업을 한 내용의 책들은 아니지 않나, 많은 사람이 커뮤니티에서 캠페인을 해본 건 아니지 않은가'란 생각이 들었어요. 그래서 이들 이야기를 위주로 하면서 상점 운영에 국한한 내용을 담고, 그 속에 실제 사업을 하면서 유통 과정상의 쓰레기를 줄이기 위한 일, 그 뒷이야기들도 넣었어요. 무엇보다도, 알맹상점은 비즈니스로 시작한 모델이 아니라 동네 커뮤니티로 캠페인을 하다가 비즈니스로 전환한 사례인 만큼, 여기서 겪은 수많은 시행착오 경험을 전달하고 싶었어요.

더 쉽고 즐겁게 친환경 할 수 있는 팁을 부탁드립니다.

길거리에서 나눠주는 일회용 물티슈를 거절하고 카페에서 플라스틱 빨대를 거절하는 것처럼, 그냥 내가 지금 할 수 있는 편하고 즐거운 것부터 실천하면 됩니다. 실천이 어렵다면 다른 사람들이 실천하도록 돕는 방법도 있어요. 예를 들어 환경 관련 영상이나 글에 함께 실천해보자고 댓글을 달아준다면, 이 작은 의견들이 모여 사회적 합의를 이룰 수 있거든요. 또 기업과 정부에 맞서 압력을 행사해온 주체는 시민들인 만큼, 환경운동이 지속되기 위해서는 시민이 환경운동을 즐겨야 합니다. 제 경우에도 실용성과 편리함 때문에 텀블러를 애용했기에 부담 없이 환경을 지키는 선택을 할 수 있었어요. 마찬가지로, 무엇이든 의무감보다는 재미있게 활동하는 게 중요합니다. 실천 못 했다고 괴로워하지 말고 하루에 할 수 있는 만큼만 하고, 여러 사람과 함께 가벼운 마음으로 즐기면서요. 이 속에서 불편함이 생길 수 있지만, 조금만 참으면 새로운 세상이 열릴 거예요.

Special Interview 2

자생과 공존을 위한 '연결의 힘'이 중요한 순간입니다

이경미 | 지구별가게 이사장

'제로웨이스트'라는 단어를 지닌 전국의 숍을 찾아보니 20%가 사라진 상황이었다. 현재는
더 줄었을 수도 있다. '우리 이러다 모두 지치고 나면 이 지구는 누가 지킬까?' 더 지치기 전에,
좋은 취지로 제로웨이스트 가게를 연 우리가 만나 대책을 세워야 한다는 생각이 들었다.

소개를 부탁드릴게요.

2014년 제주에 입도하기 전에는 경주에 살았어요. 2011년 후쿠시마 원전 사고가 발생한 뒤 핵에너지 문제에 큰 관심을 가졌는데, 경주에도 최초의 방사능 폐기물 처리장이 들어서게 되면서 고민 끝에 이주했습니다. 제주로 와 1년 정도 안식년을 가지는 동안 '공동체'에 관심을 갖게 되었어요. '건강한 먹거리'라는 공통 목적으로 제주 노형동의 생협 마을모임을 하던 중 생리대 구매가 힘든 저소득층 소녀들이 대신 신발 깔창을 사용한다는 충격적인 뉴스를 접했고, 생리대 유해물질 파동으로 여성 건강이 위협받고 있다는 사실도 알게 되었습니다. 2017년에 저소득층 아이들을 위한 다회용 면 생리대를 만들고 기부하는 본격 프로젝트를 시작하면서 이를 계기로 '함께하는그날협동조합'이 탄생했어요. 그런 뒤 2018년에 제로웨이스트 숍 지구별가게를 열었습니다. 재사용성, 생분해, 지속가능성 모두가 연결된 문제라고 생각했거든요.

소락 브랜드가 환경문제를 공유하는 출발점이었던 것 같습니다.

어느 날 제주 토박이신 협동조합 분이 '아이들이 이걸 쓰면 참 소락하겠다'는 말을 하셨어요. 제주어로 '축축함이 전혀 없이 보송보송함'을 뜻하는데, 여기에 소소한 즐거움(小樂)이란 이중적 의미도 담아 브랜드를 만들었어요. 여성 건강을 위해 면 생리대를 사용해야 한다는 교육을 하면서 환경문제에도 적극적인 관심을 가지게 된 거죠. 소락이 가장 중요시한 건 자녀의 건강이었습니다. 그러니 일회용 생리대의 유해물질에 대한 차선책이 필요했고 소재 또한 '유기농 면'이 필수였어요. 목화 재배부터 원단 제작 과정까지, 자연의 피해를 최소화하고 윤리적 근무환경을 보장하는 구조로 제작했습니다. 소락패드 보충재로 늘어남을 최소화한 평직물 코튼이 필요해서, 오랜 기간 실험을 거쳐 현재의 오가닉 광목 원단을 개발, 패턴화해 100% 유기농 면 생리대를 완성했고요. 현재는 패드, 와입스 이외에도 유기농 광목과 소창 제품, 리넨 제품 등 약 50종의 제품을 갖췄고, B2B 회원도 200여 곳이나 되어서 전국의 다양한 제로웨이스트 숍에서도 만나볼 수 있어요.

제품 제작과 매장 운영에 있어 고민되는 부분이 있다면.

저희가 만드는 제품은 코튼이 주재료이다 보니 사실 탄소발자국 문제에 있어 당당할 수는 없어요. 목화 재배가 과다한 농약과 살충제로 지하수 오염의 주범이 되는 등 전 세계적으로 많은 문제가 되고 있으니까요. 단지 천 조각 하나도 귀하게 여겨 영구적으로 사용하는 것이 저희의 미션인 만큼 작은 제품도 그 시작이 가장 중요하다고 생각해요. '유기농 면'을 고집한 주된 이유 역시 목화 재배, 면 제조 과정에서 수질과 토양 오염을 최소화시키기 위함이죠. 한편으로, 수년간 제로 웨이스트 숍을 운영하며 도민에게 친근한 편의점 역할을 하고 있지만 온라인 몰을 운영하다 보니 택배 발송량이 많아요. 그럴 때마다 많은 생각과 고민을 하게 되는데, 이를 항상 상기하며 의사결정을 할 때면 탄소발자국 문제에 대해서도 충분히 상의하고 있습니다. 비즈니스 자체가 환경을 위한 일일 수 없기에 여전히 더 노력하려고 합니다.

제주에서 숍을 운영하는 데 있어 다른 지역과 차별화된 점이 있는지요.

아무래도 육지와의 교류가 적어질 수밖에 없다 보니 어찌 보면 고립되어 있다는 느낌이 들기도 하는데, 그런 만큼 지역 내에서의 협업을 활발히 하려고 합니다. 제주 교육청과 함께 '찾아가는' 교육 프로그램을 진행할 예정이고, 다양한 환경단체나 기업 대표들의 교육이 가능한 플랫폼 역할을 하고자 노력 중이에요. 한편으로, 지역 거점 공간의 하나로서 쓰레기가 특히 많은 제주의 환경문제 개선에도 목소리를 내고 있습니다. 제주는 치워도 치워도 엄청난 바다쓰레기가 떠내려오는 섬이고 관광객이 아무렇지 않게 버리는 쓰레기도 어마어마하거든요. 제로웨이스트와 기후위기 대응을 위한 다양한 시민 참여 활동을 진행하다 보니, 제주 기관에서도 저희 목소리를 주시하고 지원 사업에도 적극성을 보이는 것 같습니다. 올해 제주시가 발표한 2040 플라스틱 제로 섬 선언도 꽤 구체적인 실행안을 담았고요.

얼마 전 제로웨이스트 숍 운영자분들과 특별한 모임을 하셨어요.

제주문화예술재단의 지원으로 진행한 활동가 워크숍으로, 함께 모여 서로를 위로하고 연대를 해보자는 마음으로 진행한 프로그램입니다. 지구별가게와 네트워킹 되어 있는 활동가들은 400여 명 정도인데요, 한꺼번에 모든 분을 초대할 수는 없었지만, 지방에서 외딴 섬처럼 외롭게 활동하고 있는 분과 워크숍을 열어 혼자가 아니라 함께하고 있음을 확인하는 시간을 갖고자 했어요. 특히 이 시간을 통해 대책을 세우고 다시 뛸 수 있는 새로운 힘을 얻었으면 한 거죠. 1박 2일 동안 각 운영자 이야기를 충분히 들으며 서로를 응원할 수 있어 의미 깊었고, 다음번엔 좀 더 큰 규모로 준비해볼 계획입니다.

어떤 해결책을 찾을 수 있었는지 궁금합니다.

'연대'입니다. 작은 가게와 활동가들이 각자 지역에서 마치 섬처럼 고군분투하고 있어요. 혼자서, 그리고 현재 상황을 무조건 견디기에는 힘들다는 것과 현실적인 대안이 필요할 때란 걸 깨달았습니다. '제로웨이스트'라는 전 지구적 고민을 하는 사람들의 연대가 필요한 시점이고, 함께 모여 지속할 수 있는 방법을 찾는 시간이 필요하다고 생각했어요. 이번 워크숍에서 다양한 협력 방안이 나왔고, 무엇보다도 생산과 공동구매를 가능하게 만드는 '제로웨이스트 공동 브랜드'에 대한 논의를 본격화할 수 있었습니다.

지구별가게도 함께 변화 중인가요.

물론 그렇습니다. 얼마 전 지구별가게 재정비를 마쳤어요. 그동안 지구별가게와 지구별옷장의 애매한 경계가 마음에 들지 않았는데 많이 정리되었어요. 요즘 가게에서 특별히 인기 높은 코너가 '지구별옷장'이에요. 교환할 옷을 가져와서 '새로운 옷'으로 교환하는 방식으로 사단법인 다시입다연구소의 '21% 파티툴킷'으로 프로그램을 진행 중이에요. 이용자가 점점 늘면서 도민의 공유옷장 역할을 톡톡히 하고 있어요. 최근 저희 매장에서뿐만 아니라 협업을 통해 외부에서도 행사를 열고 있는데 기간 중에는 수선과 보풀 제거, 와펜 달기 코너를 운영하고, 교환되지 않는 옷들로 다양한 실험도 진행합니다.

지역과 함께하는 활동도 활성화된 것 같아요.

사회적기업으로서 일상의 작은 실천이 만들어내는 힘을 믿으며 단체 체험 활동도 꾸준히 늘리고 있습니다. 대표적 캠페인인 별데이는 매달 10명이 모여 100개의 면 생리대를 만드는 나눔활동이에요. 2017년부터 이어왔으며 최근에는 기업 임직원분 등 참여자도 다양화되고 있어요. 또 제로웨이스트 제품의 생애주기를 이해하고 쉽게 친해질 수 있도록 초등학교를 직접 방문해 와입스, 밀랍랩 만들기 클래스를 진행하고, 지구별 매장에서는 어르신들을 초대해 튤립백 바느질 수업도 열고요. 더 많은 도민, 단체 프로그램을 만들면서 제로웨이스트 제품의 필요성을 자연스럽게 알리고자 합니다.

앞으로의 계획이 있다면요.

환경운동은 물론이고 환경 실천을 위한 생활까지, 지속하는 동안 피로감이 쌓이기 마련입니다. 실제로 팬데믹 기간을 지내는 동안 제로웨이스트 숍을 찾는 손님은 급격히 줄었고 올해는 경기 침체와 물가 상승까지 이어졌어요. 현재까지 운영을 이어가는 제로 숍들도 고립되었다는 느낌이 계속될수록 목적 자체가 허무해질 수 있다는 생각이 듭니다. 중요한 것은 제로웨이스트 숍의 지속가능성입니다. 모든 가게가 상생하는 환경 만들기를 미션으로 두는 한편, '공적인 힘'을 갖춘 지역 기관이나 단체로부터 적합한 지원(가능한 최대한으로요)을 받는 것도 중요한 방법이라고 생각해요. 그런 의미에서 지구별가게도 지역 공공교육 관련한 활동을 계속 확장해나갈 계획입니다.

Zero • Map

전국 제로웨이스트 숍

국내 제로웨이스트 숍은 2016년 '더피커'가 처음 문을 연 이래로, 몇 년 간 제로웨이스트 캠페인 확산과 함께 전국 200여 곳 이상으로 급증했다. 그러나 팬데믹 시기 등 현실적 문제들에 부딪히며 하나둘 문을 닫기 시작했고, 올해까지도 일부는 가게 이전이나 규모 축소를 진행 중이다. 제로제로는 쓰레기 없는 세상을 만들기 위한 우리 마음가짐과 실천의 거점, 제로 숍을 응원하는 마음으로 현재 운영 중인 전국구 가게 현황을 살펴보았다. 이번 리스트는 알맹상점이 공유하는 제로웨이스트 숍 맵 대동여지도(홈페이지, 인스타그램에서 검색 가능)를 참고하여 정리했다. 각 가게의 인스타그램을 통해 리필스테이션 유무, 재활용 수거 품목 등 상세 활동을 확인할 수 있다.

- 제로웨이스트 실천을 위한 생활 소품을 판매하는 공간을 기준으로 선별하였습니다. 가게에 따라 리필스테이션과 재활용품 수거, 자체 캠페인 활동을 겸하고 있습니다.
- 한살림, 아름다운가게 그리고 편의점과 대형마트, 백화점 등에 샵앤샵 형태로 입점한 가게(리필스테이션 포함)가 많으나, 모든 지점을 표기할 수 없는 관계로 이들은 제외하였습니다.
- 네이버 지도에서 '제로웨이스트'를 검색해도 손쉽게 지역 숍을 찾을 수 있습니다.
- 네이버 스토어를 통해 온라인 판매를 하는 가게들도 상당수이나, 이번에 인터뷰를 진행한 지구랭(jigoorang.com)은 전국 오프라인 가게에 포함하지 않았습니다.

📍 서울 41곳

알맹상점 @almang_market
노노샵(용산구) @nonoshopseoul
1.5도씨 @1.5_do_c
더 피커 @thepicker
밋자인(당산동) @mitsein
해달별(자곡동) @smzerowaste
퍼스트페이지(송파구) @1stpage_official
나아지구(중구) @naajigu_
리스토어(종로구) @restore_seoul
감탄상회(동작구) @gamtan_store
협동플랫폼 카페이웃(홍은동) @cafe_neighbor
일상공감(성북동) @ilsang_gongam0
햇빛상점(은평구) @solar_shop_2050
지구샵(연남동) @jerowaste_jigu
선택지(강동구) @suntackz
지미프로젝트(송파구) @jimmy_project_official
자원순환 환장(수유동) @hwanjang_shop
원점(성수동) @one_zeom
굿바이마켓(용산구) @goodbuy_yongsan
키퍼스마켓(도곡동) @keepers.market_official
늘보따리(창천동) @neul.bo.ddari
북촌감성(계동) https://bukchonfeel.modoo.at
무포장가게 새록(상계동) @saerok_official
베러얼스(송정동) @better_earth_zerowaste
꽃피는삼월에(답십리) @kkotsamwol_official
제로띵스(저동) @zerothings_shop
대안생활 공기(암사동) @gonggi_2020
보틀팩토리(연희동) bottlefactory.co.kr
안녕상점(방학동) @dodammaeul
순환지구(동선동) @soonhwan_jigu
하우스오브아로마티카(신사동) @aromatica.life
탄탄제로(사당동) @tantanzero_waste
지구살림터(목동) @jigusallim.ter
아토모스(성북동) @atomos_seoul
플라프리(사당동) @plaafree
보탬상점(중화동) @botaemsangjeom
덕분애(서초동) @thanksto__zerowaste.seoul
허그어웨일(화곡동) @hug_a_whale
웨이스트업소(방배동) www.wasteupso.com
디어얼스(녹번동) www.dearearth.co.kr
쓰담쓰담 협동조합(불광동) @ssdamssdam_coop

📍 경기 39곳
산제로상점(부천) @sanzeroshop
바람가게(부천) @zero_baram
낯설여관(수원) @ridinn.book
묘책(수원) @myocheck
재재상점(수원) @jaejaestore_zerowaste
마그앤그래(수원) @magandgra
지구인의놀이터(수원) @earthy_play
가치상점(수원) @gacistore
J-하트 제로웨이스트샵(고양)
도토리상점(고양) @d___zero.w
둥글게둥글게(고양) @round_and_round_
zerowaste
제로웨이스트 차차(고양) @chacha_zip
나블(고양) @zerowaste_shop__
1도씨(평택)
지구돌봄(광명) @/careforearth21
살림가게(의정부) @sallimgage
꽃따러가게(의정부) @ggotdda
네모지구(시흥) @square_earth_shop
제로에이블(안양) @zeroable_official
도가게(파주) @dostore_zerowaste
맹꽁이상점(시흥) @maeng.store
리필위드유(군포) @refeel_withyou
심플소요(용인) @simple_soyo
빈칸놀이터(용인) @blankplayground.b_l_and
카페아르모니(김포) @cafe_harmony12
코뿔소책방(김포) @dreambookshop.rhino
바비바채(김포) @babibachae
프롬미(김포) @fromme_zero
도돌이상점(시흥) @dodori_store
마실(안산) @cafe.masil_
지구인상점(남양주) @geegoo._in_store
북극곰(남양주) @with_polarbear
용기내담아가게(남양주) @dam_a_store1
에코팔레트(광명) @eco___palette
초록숲상점(평택) @choroksoup_store
노플맘(시흥동) @nopl_mom
All바른샵(화성) @all.bareun.shop
무해공간(성남) @harmless_space
슬기로운생활(분당) @_seulki.roun.life

📍 인천 10곳
가벼운오늘(부평구) @light_daytoday
얼스호텔(부평구) @earthhotel_official
슬로슬로(동구) 창영동 8-2(동성문화상점 내)
자연공간 숨(서구) @space_sum
지구별수호대(서구) zeroshop.modoo.at
인천YWCA(남동구) www.ywcaic.or.kr
소중한모든것(남동구) @sojunghan_everything
업사이클에코센터(미추홀구) blog.naver.com/
eco3004
플래닛어스(연수구) @planetus_world
굴현동제로웨이스트#(계양구) @zerowaste.
gyulhyeon

📍 강원도 6곳
에너지카페 사과나무(춘천시)
용기상점(삼척시) 0gi.modoo.at
지니숍(동해시) @jinnysoap
제로작업실 202호(속초시) @sokcho_zero
마더센터(춘천시) mothercenter.net
내일상회(강릉시) @tomorrow__market

📍 충청도 11곳
푸른사이(충남 천안) @uridongne10
푸른별상점(충남 천안) @pureun_byul
꼭꼭가게(충남 천안) @green.at.801
같이내일(충남 태안)
지구살림(충남 당진)
풀무학교 생협(충남 홍성) facebook.com/
gotgolpoolmoo
후후(충남 아산) @cafe_0_wave
지구로운(충남 보령) @jigu_roun
싱글룸(충북 청주) @singleroom_official
사사상회(충북 청주) @sasasanghoe
지지구구(충북 청주) @jijigugu.room

📍 경상도 23곳
ESD씨앗상점(경남 통영) @siatmarket
적량다온(경남 하동군) @cafe_jeongnyang_daon
기빙트리(경남 양산) @givingtree_seoridangil
천연제작소(경남 양산) @natural_factory2015
그리니지구(경남 창원) @greeny_earth_
비움(경남 창원) @ecogreen_jinhae
번지구(경남 창원) @burn_jigu
마리앤하우스(경남 창원) @mari_n_house
하루한알(경남 창원) @haru.hanal
안녕 지구야 상점(경남 김해) @hi_earth_store
지윤상점(경남 김해) @shine_theearth
너의바다(경남 거제) @your_oceanbooks
슈가 초전점(경남 진주) @chouxga7612585
밭매기(경북 경주) @batmaegi
숲(경북 경주) @soopeul_zerowaste
머머상점(경북 구미) @mm_sangjeom
초록별상점(경북 구미) @ecosome_official
그냥, 거기(경북 포항) 0507-1417-8753
지구공방(경북 포항) @jiguprotect.zerowaste
어스시즌(경북 포항) @ph_earthseason
용기내요(경북 경산) @yonggi_naeyo
북두칠성푸른별(경북 경산) @7blue._.star
홍시생활(경북 청도군) @hongsi.life_

📍 전라도 11곳
노플라스틱카페(전남 순천)
@noplasticproject98.2
유익한상점(전남 순천) @uikstore_official
지구별서점(전남 목포) @z9books
달팽이가게(전남 담양) @dalpyshop
늘미곡(전북 전주) @neulmigok
제비마트(전북 전주) @ze.vee
마을가게 모두의숲(전북 순창) @forest.4.u
만큼(전북 완주군) @man_keum

협동조합 아리송(전북 완주군) http://arisong.
modoo.at
자주적관람(전북 군산) @jaju_gallery
게스트지구인(전북 익산) @guestjiguin_iksan

📍 부산 12곳
비모크(강서구) @bemor_e_creative
빛나는 숲솝샵(해운대구) @shining.soop.soap.shop
리플렌티(해운대구) @replenty_official
에코올리베또(동대신동) @eco_oliveto
네모로사(서구) @nemorosa_gb
아키스페이스 내일상점(동구) @tomorrow_store1
마플상회(북구) @minus_plus_store
팝업 마켓 쑥(망미동) @ssuk_inyourlife
지구숲(화명동) @jigu_forest
둥근네모(연산동) @nemostore21
심플리파이(남천동) @simplify_zero
천연제작소(사직동) @natural_factory2015

📍 대구 10곳
더커먼(중구) @common.for.green
베네인(중구) @benein__
서로일상(동구) @seoroilsang
아양로99(동구) 파티마병원 내
블로엔(동구) @jijeodong
소소(남구) @bindungbindung
더쓸모플라스틱공방(북구) @the_sseulmo
실가람(북구)
예쓰(수성구) @yess_zerowaste
타예르셀바(달서구) @taller_selva

📍 대전 2곳
은영상점(유성구) @eunyoung_store
포어스(대덕구) for_earth_for_us_

📍 광주 4곳
한걸음가게(충장로)
바오로가게(서구) @baorogage
뭉몽만남(동구) @mungmong_mannam
오션클라우드(동구) @oceancloud_life

📍 울산 2곳
용기없는상점(북구)
지구맑음(남구) @jigumalgeu._.m

📍 제주 8곳
지구별가게(제주시) @jigubyul_store
꽃마리리필스토어 www.flowermari.net
메리오가닉 @merryorganic_
제로팩토리(대정읍) @zerofactory_jeju
밥상살림 @babsang19
마이아일랜드(서귀포시 호근로) @myisland_official
무지개꽃 상점 @mujigeflower
소로소로 게스트하우스(송당리) @sorosoro_jeju

달걀·버터·우유와 작별한
빵덕후의 속 편한 만남

비건 빵

우리 일상 음식의 큰 비중을 차지하는 빵 역시 '식물성'이 대세다.
단지 '비건 빵덕후'는 일반 채식주의자와는 조금 다른 전향을
하는 경우도 많은 편이다. 식물성 빵은 동물성 식재료나 밀가루
섭취가 체질적으로 맞지 않거나 아토피, 다이어트 등의 이유로
빵을 먹을 수 없던 사람에게 맛과 건강을 함께 누리는 완벽한
대안이 되기 때문이다. 고소한 식사빵에서 달콤한 디저트까지,
비건 미식으로 입소문 난 두 곳의 인기 메뉴를 배워보고 꼭
가봐야 할 비건 빵집도 소개한다.

식물성 빵이 좋은 이유

비건을 비롯한 채식주의가 대중 트렌드로 자리 잡으면서 이른바 베지노믹스(vegenomics)가 성장하고 채식 인구의 증가도 꾸준히 늘고 있다. 국내 채식 인구는 2022년 기준 250만 명(한국채식연합 집계). 일반 베이킹의 주재료인 버터, 달걀, 우유를 사용하지 않는 식물성 베이킹은, 자칫 알레르기 질환의 원인이 될 수 있는 동물성 재료 대신 영양상으로 좋은 재료를 선택해 만든다. 건강한 맛은 물론 소화와 흡수가 잘 되는 점도 최대 장점이며, 일반 빵보다 칼로리가 낮고 풍부한 섬유질은 포만감을 오래 지속시켜 체중 조절 효과도 볼 수 있다. 내 몸과 함께 동물 복지와 지구 환경을 지킬 수 있다는 점도 잊으면 안 될 부분이다. 축산업이 온실가스 배출과 땅, 물의 오염을 일으키는 주원인 중 하나로 꼽히는 만큼, 동물성 재료를 사용하지 않는 비건 빵을 먹으면 환경보호에 기여하는 동시에 동물 복지에도 긍정적인 영향을 미칠 수 있다.

백밀가루 대신 통밀가루

일반적인 베이킹은 표백된 백밀가루(강력분)를 사용하지만, 식물성 베이킹은 영양가 높고 소화, 흡수가 잘 되는 우리밀 또는 우리밀 통밀가루, 호밀가루, 쌀가루 등을 사용한다. 통밀가루는 밀을 도정하지 않고 그대로 간 비정제 탄수화물로, 일반 박력분보다 식이섬유와 비타민과 무기질 등의 함유량이 많고 포만감의 지속도 오래 간다. 바삭한 식감을 낼 때 통밀가루에 옥수숫가루를 섞어 사용하기도 한다.

달걀, 버터 대신 식물성 오일

비건 빵은 동물성 제품을 사용하지 않아 포화지방과 콜레스테롤이 적은 만큼, 심혈관 질환의 위험도 줄일 수 있다. 영양가 높은 식물성 오일을 사용할 때 GMO(유전자변형농산물)를 사용하지 않은 제품을 선택하면 좋으며, 가급적 올리브 오일과 아보카도 오일 사용을 추천한다.

우유 대신 두유

무첨가 식물성 두유를 사용하면 전체적으로 담백한 맛을 살릴 수 있다. 또는 물만 사용해 만들기도 한다.

설탕 대신 원당

정제된 백설탕 대신 유기농 원당을 사용한다. 일반적인 설탕은 화학적으로 정제되어 인위적인 단맛을 내는 반면, 비정제 설탕인 원당은 은은한 단맛을 내고 비타민과 무기질 등의 영양소도 풍부하다.

참고 자료 비건뉴스(비건빵, 건강 효과와 지속 가능한 미래를 위한 선택)

취향껏 골라 먹는
동네 비건 빵집

용토끼빵과자점 | 정진주 대표

글 이아롬 사진 김정안

서울 1호선 외대앞역에서 철길 따라 걷다 보면 나오는 작은 동네빵집 용토끼. 비건 빵을 즐기는 세대는 따로 있을 거라는 에디터의 편견과는 달리 대학생과 동네 할머니, 비건과 논비건까지 다양한 사람이 오가며 모두가 갓 나온 빵을 즐기고 있다. 모두가 취향에 맞는 빵을 맛볼 수 있도록 종류의 다양성을 높이고 가격은 크게 낮췄다. **"손님 중 절반은 아마 비건 빵집인지 모르고 오실걸요? (웃음) 당뇨나 아토피 때문에 오시는 분들도 있지만 대부분 빵이 입맛에 맞는다고 느끼는 분들이 찾아오세요."**

어릴 때 전국에서 유명한 빵집 앞에 살았다는 용토끼의 정진주 대표는 한번 높아진 기준이 내려가지 않아 입맛에 맞는 빵을 찾기 어려웠다. 맛있는 빵을 먹기 위해 제빵을 배웠고 2022년 1월 홈베이커들이 즐겨 쓰는 작은 오븐 단 두 대만 놓고 단팥빵과 쿠키를 구워 파는 주말 빵집을 시도했다. 여유가 생길 때마다 장비를 하나씩 장만해 지금의 용토끼를 갖추고 작년 10월부터는 회사를 그만두고 주 5일 운영하는 베이커리가 되었다. 손님들과 하나하나 만들어나간 가게라는 자부심이 크다.

용토끼는 '모두를 위한 선물가게' 같은 빵집을 만들고 싶어 선물을 고르듯 취향껏 고를 수 있도록 통밀빵, 소금빵, 포카치아, 쿠키 등 다양한 빵을 선보인다. 그중 가장 인기가 많은 빵은 달콤하면서 귀여운 곰돌이 모양이라 더욱 사랑받는 '곰돌이 브리오슈'. 브리오슈에 들어가는 필링은 물론 모든 빵에 들어가는 비건 버터까지 손수 만든다. 그중 가장 자신 있게 권하는 빵은 단팥빵. 정말 좋아하는 빵으로, 군산의 팥 농가에서 직접 팥을 공수해 쓴다. 요즘에는 시장에서도 직접 쑨 단팥빵을 찾기 어려워 손수 쑨 팥 맛을 아는 할머니들이 단골로 찾는다.

동물을 너무 좋아해 고양이 두 마리를 키우고, 유기견 봉사 활동을 다니던 정 대표는 유기견 봉사 활동을 갈 때마다 사람처럼 감정이 있는 동물을 보며 육식을 끊기로 마음먹었다. 유기견 봉사 활동을 함께 다녔던 남자친구와는 결혼했고, 지금은 동네에서 '우리동네 연구소'를 열어 주민들과 동네 문제를 고민하고 재미있는 일을 함께 도모하기도 한다. 이웃을 위해 정성껏 만든 비건 빵을 내놓고 함께 살아가려고 노력하려는 동네빵집. 용토끼가 귀한 이유다.

🌾 무화과호두통밀빵

통밀빵은 탕종을 해야 푸석하지 않고 부드러워진다. 전날 탕종을 하지 못했다면 가장 먼저 탕종 반죽을 준비하고, 밀대로 밀어 펼치고 마르지 않게 밀폐한 후 냉장고에 넣으면 빨리 식힐 수 있다. 가게에서는 한 번에 많은 양을 굽지만 책에서는 가정용 오븐에서 굽기 편하도록, 개수와 분량을 제시해보았다. 건과일과 견과류는 기호에 맞게 변경 가능하다. 단 양을 너무 많이 넣으면 빵이 부푸는 데 방해가 될 수 있으니 주의하자.

재료 (8개 분량)

탕종용 통밀가루(70g), 탕종용 물(86g), 통밀가루(398g), 물(211g), 이스트(7g), 소금(8g), 설탕(9g), 카놀라유(53g), 반건조 무화과(136g), 건크랜베리(36g), 건포도(36g), 호두(48g), 호박씨(24g), 헤이즐넛(24g), 묵은반죽(140g)

*사용한 통밀가루: 쉬레 t80, 이스트: 세프 저당용 세미드라이이스트 레드

만드는 법

1. 통밀가루 70g에 끓는 물 86g을 섞어 반죽해 탕종 반죽을 만들어 둔다. 식혀서 써야 하므로 전날 만들어서 냉장고에 두면 가장 좋다. (TIP: 밀폐하여 반죽이 마르지 않게 한다.)
2. 건과일들을 10분간 미지근한 물에 불린 후 마른 천으로 닦아 물기를 제거한다. 견과류는 너무 크지 않은 정도로(검지 손톱 크기) 필요에 따라 잘라둔다.
3. 물 211g에 세미드라이이스트(레드) 7g을 넣고 가볍게 흔들고 5분간 방치한다. 그 후 소금 8g, 설탕 9g, 카놀라유 53g를 소금이 녹을 때까지 저어줘 반죽물을 만든다.
4. 통밀가루 398g과 앞서 만든 탕종 반죽, 그리고 묵은 반죽 140g을 넣고 5분간 손반죽 후 밀폐하여 실온에서 10분간 휴지한다.
5. 반죽에 건과일과 견과류를 넣고 고르게 섞일 때까지만 다시 반죽한다. (TIP: 약1~2분을 넘기지 않는다. 반죽에 과도한 힘을 주거나 찢는 방식이 아닌 접는 방식으로 반죽한다.)
6. 밀폐하여 실온에서 45분간 1차 발효한다.
7. 160g으로 분할하고 둥글리기 후 10분간 실온에서 휴지시킨다. 이때 잘 타는 건과일, 견과류가 밖으로 삐져나왔다면 반죽 속으로 넣어줘 타는 것을 방지한다. (TIP: 둥글리기는 힘을 빼고 반죽을 동그랗게 만들며 과도한 가스를 빼주는 작업)
8. 반죽을 손바닥으로 가볍게 누른 뒤 원하는 모양으로 성형한 뒤 반죽이 마르지 않게 천으로 덮은 후 25분 동안 2차 발효한다. (TIP: 실내온도가 25℃ 미만이라면 30분, 겨울에는 35분으로 시간을 조금 늘려준다.)
9. 덧가루를 뿌린 후 칼집을 내고(약 5mm 이상 충분히) 예열된 오븐에서 윗불 240℃, 아랫불 210℃에서 12분 구워주고, 이후 온도를 210℃, 190℃로 각각 낮춰서 8분 동안 굽는다.

🌰 묵은 반죽 만드는 법 (100g)

물 31g, 이스트 1g, 소금 1g, 설탕 1g, 카놀라유 7g, 통밀가루 59g을 섞은 후 밀폐 용기에 넣고 반죽의 부피가 실온 상태에서 2배가 되면 냉장 보관한다.
혹은 통밀빵 반죽 후 여분의 반죽을 떼어내어 밀폐용기에 넣고 마찬가지로 반죽의 부피가 실온 상태에서 2배가 되면 냉장 보관한다.
24시간 이후 사용하며 최대 3일을 넘기지 않는다.

🥐 올리브통밀빵 만들기

견과류 대신 두 종류 올리브를 넣어 담백하고 고소한 맛으로 즐기는 버전

재료 (4개 분량)

탕종용 통밀가루(44g), 탕종용 물(52g), 통밀가루(249g), 물(132g), 이스트(4g), 소금(5g), 설탕(6g), 카놀라유(33g),
그린올리브(60g), 블랙올리브(60g), 묵은반죽(60g)

만드는 법

1. 탕종 반죽을 만든다.

2. 올리브는 4~5등분으로 자른 후 마른 천으로 닦아 물기를 제거한다.

3. 분량대로 재료를 섞어 반죽물을 만든다.

4. 통밀가루 249g과 앞서 만든 탕종 반죽, 묵은 반죽 60g을 넣고 5분간
   손반죽 후 밀폐하여 실온에서 10분간 휴지한다.

5. 반죽을 접는 방식으로 (과도한 힘을 주거나 반죽을 찢지 않음) 1분 정도만
   반죽한다.

6. 밀폐하여 실온에서 45분간 1차 발효한다.

7. 140g으로 분할하고 둥글리기 후 10분간 휴지한다.

8. 반죽을 손바닥으로 가볍게 눌러 가로 세로 12cm정도로 펼친 후 올리브
   30g을 펼쳐 마치 김밥을 마는 것처럼 올리브를 말고, 이음새를 붙인 후 원
   하는 모양으로 성형한다. 반죽이 마르지 않게 천으로 덮은 후 25분 동안
   2차 발효한다.

9. 무화과호두통밀빵과 같은 방법으로 굽는다.

비건도 미각味覺적 쾌락을
즐겨야 하기에

오베흐트 | 김애리 대표

글 김윤선 사진 김정안

오베흐트는 탄탄한 마니아층을 지닌 비건 도넛 전문점으로, 지난 2021년 오픈했다. 10종류의 기본 아이템과 계절 한정 메뉴 4종, 여기에 팝업 스페셜까지 포함해 20여 종의 도넛을 선보여왔다. 주 고객층은 20~30대인데, 회현동이라는 위치 특성상 다국적의 외국인 고객층도 많이 찾는다. 도넛 개발자이자 주인장 김애리는 영국에서 Catering & Hospitality를 전공하고 런던, 호주 파인다이닝 레스토랑에서 경력을 쌓았다. 귀국 후 서울브루어리 초창기 메뉴 컨설팅을 맡기도 한 그는 로컬 제철 식재료로 지속 가능한 음식을 연구하고 이를 활용한 비건 프렌들리 케이터링, 메뉴 컨설팅 등의 요리 활동을 해왔다(파아프 템페와의 협업 하에 템페를 활용한 다양한 레시피를 개발하기도 했다). **"저는 비건은 아니에요. 《어쩌다 비건》이란 책을 읽고 비거니즘에 호기심이 생겼죠. 단지 요리를 배우며 맛본 비건이 아닌, 맛있는 음식들을 '비건화'시키는 일에 흥미를 가지면서 지금에 이른 것 같아요."**

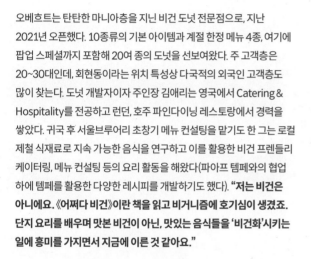

우연히 의뢰받은 일반 도넛 레시피 개발 일로 국내외 시장을 조사하던 중 우리나라엔 비건 도넛 전문점이 없다는 사실을 알게 되었다. '그럼 내가 그 스타트를 끊어 볼까?' 하는 단순한 생각으로 비건 도넛을 개발했다. 선택의 이유는 두 가지. 우선 논비건 도넛 레시피를 개발하면서 레시피 테스트를 한 뒤면 항상 속이 좋지 않았다. 먹어도 속이 불편하지 않고 뒷맛이 깔끔한, 누구나 부담없이 먹을 수 있는 도넛도 국내 시장에 필요하단 생각이 들었다. 두 번째는 비건에 대한 대중의 인식이다. 비건 케이터링, 비건 페스티벌 셀러, 비거니즘 스터디 등의 다양한 활동을 하면서 비건에 대한 편견을 깨달은 것이다. '뭔가 절제해야 할 게 많고, 비싼데 맛없고, 접근하기 어려운 것'. 그래서 누구나 편하고 맛있게 즐기는 도넛으로 비건 음식에 대한 부정적 인식과 편견을 낮춰보고자 한 것이다. 창업을 준비할 당시 국내에 비건 도넛을 배울 수 있는 곳은 전무했다. 하나부터 열까지 직접 레시피 개발을 할 수 밖에 없던 터라, 우선은 일반 도넛 레시피를 많이 찾고 만들어보면서 논비건 재료들을 비건 재료로 대체하면서 레시피를 테스트했다. 두어 달 실패하면 다시 하기를 매일 반복한 끝에 도넛 반죽을 완성했다.

레시피 개발에 있어 가장 중시한 목표는 도넛이란 아이템의 'junky(정크푸드 같은)' 아이덴티티를 지킨 비건이었다. 우선 소화가 잘 될 것, 많이 달지 않은 단맛과 담백함을 갖출 것, 그래서 매일 먹어도 물리지 않을 것. 그런 맛을 표현하기 위해 노력한 덕에 오베흐트 도넛은 연세 있는 분이나 단 디저트를 안 좋아하는 남성 분들도 자주 찾아와 먹는 디저트가 되었다. **"오베흐트의 슬로건은 Guilty Pleasure for Vegan입니다. 비건을 위한 속세의 달콤한 유혹, 즉 건강하지만 도넛의 달콤함은 그대로 즐기는 맛인 거죠. 대신 살찔 걸 걱정하는 분께는 권하지 않아요. 아무래도 기름에 튀기고 크림 토핑을 올린 '도넛'이니까요(웃음)."**

매장에 용기를 직접 들고 오시는 고객에게는 수고로움에 대한 감사와 존경의 인사로 서비스 도넛을 드린다. 오베흐트가 환경을 위해 할 수 있는 작은 활동으로, 개인 용기 사용을 권장하기 위해 더 적극적으로 홍보할 생각이다.

● 얼그레이 글레이즈 도넛 ◇◇◇◇◇◇◇◇◇◇◇◇◇◇◇◇◇◇◇◇◇◇◇◇◇◇◇◇◇◇◇◇◇◇◇◇

오베흐트의 시그니처 도넛을 집에서 쉽고 간단히 만들 수 있는 응용 레시피로 소개한다. 얼그레이
글레이즈 도넛은 은은한 홍차의 향을 머금은 홍차 글레이즈(얼그레이 글레이즈)에 아몬드 크림을 올린 뒤,
아몬드 브리틀로 크런치한 식감과 고소함을 더한 도넛이다. 집에서 만드는 것을 고려해 튀기지 않고 오븐,
또는 에어프라이어에 굽는 방법으로 제안했다. 반죽 자체에 얼그레이 분말이 들어가므로 더 담백하게
즐기고 싶다면 글레이즈를 생략해도 좋다.

필요한 도구
도넛 모양 실리콘 몰드 6구, 믹싱 볼(2개), 실리콘 주걱, 핸드 믹서, 식물성 오일 스프레이(또는 비건 버터
약간), 오븐(또는 에어프라이어)

반죽 재료 (6개 분량)
아마씨 가루 15g, 물 40cc, 현미 가루 120g, 아몬드 가루 56g, 베이킹파우더 5g, 베이킹소다 2g,
얼그레이 잎 가루(티 분말) 4g, 소금 2g, 두유 115cc, 유기농 설탕(비정제당) 45g, 현미 오일 37g(cc),
사과식초 1작은술

만드는 법
1. 오븐을 175°C로 예열한다.
2. 비건 버터 또는 식물성 오일 스프레이를 이용해 도넛 모양 실리콘 몰드 안을 코팅해준다.
3. 아마씨 가루 15g과 물 40g을 넣고 10분 정도 불린다.
4. 모든 가루 재료(현미 가루, 아몬드 가루, 베이킹파우더, 베이킹소다, 얼그레이 잎 가루, 소금)을 믹싱 볼
   하나에 계량해서 잘 섞은 뒤 체에 3~5번 쳐 곱게 내린다(뭉치는 가루가 없도록 할 것).
5. 또 다른 믹싱 볼 하나에는 두유와 유기농 설탕, 현미 오일, 사과식초를 분량대로 넣는다.
6. 불린 아마씨 가루를 ⑤의 믹싱 볼 재료들과 함께 섞는다. 덩어리지지 않도록 핸드 믹서로 잘 풀어준다.
7. 체에 쳐 곱게 내린 ④의 가루 재료들을 ⑥의 액체 재료들과 혼합한다. 날가루와 뭉친 가루가 없도록
   실리콘 주걱으로 반죽한다.
8. 7의 반죽을 짤주머니에 넣은 다음, 미리 코팅해서 준비해둔 도넛 모양 실리콘 몰드에 팬닝한다.
9. 예열한 오븐에 20~25분 굽는다.
10. 구운 도넛에 얼그레이 글레이즈를 묻혀 완성한다.

> **＊얼그레이 글레이즈 만들기** ·······························
>
> | **재료** | 얼그레이 잎 가루 3g, 두유 50cc, 슈가파우더 120g, 소금 0.5g |
> |---|---|
> | **만드는 법** | 1. 곱게 간 얼그레이 잎을 뜨겁게 데운 두유에 넣고 1~2분 찻잎을 우린다. |
> | | 2. 잘 우린 ①에 슈가파우더와 소금을 넣고 덩어리지지 않게 잘 섞는다. |

♠ 비건 크림 토핑 만들기
비건 생크림을 올려 토핑할 때는 코코넛밀크로 휘핑 크림을
만들어보기를 추천한다. 단, 코코넛밀크가 차가워야
휘핑이 잘 되므로 4~5시간 냉장실에 넣어둔 것을 사용한다
(휘핑 볼은 사용하기 10~15분 전에 냉동실에 넣어두기).
냉장해둔 코코넛 밀크에서 윗부분에 분리된 걸쭉한 크림층
부분만 숟가락으로 떠 볼에 담는다. 이것을 몇 분 동안 잘
휘핑하면 점차 생크림 같은 질감으로 완성된다. 또 한 가지는
두부크림치즈. 식사 빵에 발라먹어도 좋지만 도넛 토핑으로
올려도 잘 어울린다. 재료는 두부 반 모(150g) 기준으로
캐슈넛(견과류)150g, 물 100cc, 소금 1/2작은술과 레몬즙
약간이다. 불린 견과류와 익혀서 물기를 제거한 두부를 다른
재료들과 함께 믹서로 갈면 완성된다.

소문난 비건 베이커리

비건도 충분히 맛있을 수 있음을 보여주는,
맛과 재료 모두에 진심인 국내 비건 베이커리 아홉 곳.

글 박현희 사진 인스타그램

1 앞으로의 빵집

익선동 골목을 탐험하다 보면 만나게 되는 친근한 분위기의 비건 베이커리. '비건도 맛있을 수 있다'는 생각으로 우유, 버터, 달걀, 흰 밀가루, 흰 쌀, 흰 설탕, 흰 소금, GMO, 방부제와 색소를 넣지 않는 9무(無)를 실천 중이며, 여기에 제철 과일과 재료를 사용해서 본연의 맛과 식감을 그대로 살린 먹음직한 비주얼의 디저트를 선보인다. 디저트 하나하나마다 비건&글루텐프리 표시를 해 놓을 정도로 세심하다. 복숭아가 통으로 들어간 '통피치타르트'를 비롯해 '초당옥수수타르트', '무화과홀타르트' 등 계절마다 다른 재료로 만든 타르트가 이곳의 인기 메뉴다. 이외에도 흑절미치즈케이크, 단호박쑥치즈케이크, 단호박흑임자떡 등 다양한 디저트를 선보인다.
@apbbang

2 더순수브레드

대구 침산동에 위치한, '속이 편한 우리 아이 첫번째 빵'을 컨셉으로 하는 비건 베이커리다. 달걀, 버터, 우유 같은 유제품과 동물성 재료, 그리고 흰 밀가루, 인공색소를 배제하고, 대신 국내산 쌀가루와 토종밀, 천연발효종, 인산죽염, 현미유, 식물성 재료를 사용해서 남녀노소 누구나 먹었을 때 편안한 빵을 만든다. 이미 '소금빵 맛집'으로도 잘 알려진 이곳의 시그니처 메뉴 중 하나인 대파 맛이 어우러진 '비건치즈대파소금빵'. 이외에도 쌀 특유의 쫀득한 식감이 특징인 '비건쌀베이글'과 다진 마늘이 살아 있는 '비건마늘러스크', '비건자색고구마찹쌀빵', 그리고 바삭한 식감의 쌀크루아상 등을 선보인다. 스마트스토어를 운영 중이다.
thesoonsu.co.kr, @the_soonsu_bread

3 더브레드블루

신촌을 기반으로 특화된 메뉴를 개발해 인기를 끌고 있는 비건 베이커리. 건강하고 맛있는 빵은 좋은 재료에서 시작된다는 신념으로 100% 식물성 재료만을 사용한다. 버터, 우유, 계란 등 동물성 재료 대신 직접 배양한 천연발효종과 두유, 쌀눈유 등 건강한 식물성 재료와 우리밀을 사용해 고객들이 먹었을 때 속이 편한 빵을 만든다. 오! 맥아빵, 올리브쌀치아바타, 영주사과빵 외에도 톡톡 튀는 작명으로 개발한 메뉴가 눈길을 끈다. 참치와 똑같은 맛과 식감을 지닌 콩단백으로 만든 '피자빵은 못참치', 두부와 쌀로 만든 '두부라우니', 그리고 현미와 두유로 만들어져 촉촉하고 건강한 맛의 '비건현미카스테라' 등이 추천 메뉴다.
@thebreadblue

4 베이크샵 피봇

방배동에 위치한 피봇(pivot)은 NO계란, NO버터, NO우유, NO백설탕, NO흰밀가루를 고수하는 비건 베이커리 카페다. 대신 몸에 좋은 현미, 우리밀통밀, 비정제 원당, 두유를 사용하고, 재료에 민감하거나 알러지가 있는 고객을 위해 디저트류에 VG(vegan) / GF(gluten free) / NF(nut free)를 일일이 표시해둘 만큼 재료에 진심이다. 현미바나나무화과파운드, 고구마바, 통밀스윗펌킨한포즈 등 재료 본연의 맛과 식감, 모양을 그대로 살린 다양한 디저트를 만드는데, 날마다 라인업을 바꿔서 다채롭게 선보인다. 비건 카페답게 음료 선택 시에도 우유 대신 두유, 오트우유, 아몬드유로 변경할 수 있도록 한 것도 눈길을 끈다. @bakeshop_pivot

5 포포브레드

사람, 동물, 지구, 내일의 네 가지 요소를 중시한다는 뜻의 포포브레드(forfourbread)는 연희동에 위치한 비건 빵집이다. 전 제품에 버터, 우유, 계란, 정제설탕, GMO원료, 인공감미료, 보존료, 색소를 사용하지 않으며, 소화 잘 되고 건강에도 좋은 국산 쌀가루와 유기농 밀, 귀리가루, 천연발효종, 히말라야 소금 등 비건 재료만 사용한다. 평소 쉽게 먹어볼 수 없는 쌀빵들로 가득한데, 특히 쌀치아바타, 쌀깜파뉴, 쌀로 만든 마들렌, 쌀소금빵은 담백하면서도 특유의 쫄깃한 식감이 특징이다. 단호박, 밤, 고구마 등 구황작물을 푸짐하게 넣어 만든 비건 파운드, 자체 제작한 비건 버터로 만든 다양한 디저트도 선보인다.
@forfourbread

6 해밀

소박한 동네 빵집 분위기가 느껴지는 망원동의 비건 베이커리 해밀(Haemil). 통단팥빵, 소보루빵, 카스텔라, 크림치즈빵 등 소위 라떼 세대에게 추억을 불러일으키는 친근한 빵 종류가 유독 많다. 재료는 우유, 계란, 동물성 버터, 방부제를 사용하지 않고 유기농 밀가루와 비정제 설탕, 식물성 재료를 선택해 건강한 빵을 만든다. 계란을 사용하지 않고도 충분히 촉촉한 카스테라와 머핀, 그리고 비건 버터로 만든 쿠키 등이 그 예다. 해밀 홈페이지에 가면 '빵이 처음인 아이를 위한 빵과 쿠키' 외에도 '견과류 없는' '콩 성분 없는' 등 재료에 민감한 사람들이 선택하기 쉽도록 구분해 놓았으니 참고하는 것도 좋겠다.
@haemilbakery

7 채식주의자의 무화과

전주 효자동에 위치한 비건 & 글루텐프리 베이커리 숍으로 '무화과처럼 은은한 단맛'을 지향한다는 뜻의 이름이 이색적이다. 동물성 재료나 글루텐에 거부 반응이 있어서 쉽게 디저트를 선택할 수 없었던 사람들을 위해서 글루텐프리 코코넛볼, 넛츠프리 오트쿠키, 꾸덕약과휘낭시에 등 날마다 다른 라인업을 선보인다. 음료도 비건 컨셉에 맞춰서 무카페인 보리커피, 귀리우유 스무디, 두유로 만든 핫초코, 당근 에이드 등 착한 음료들을 제공한다. 매장 한 켠에 비건 마시멜로, 유기농 스파게티 면 등 건강에 좋은 식품들을 엄선해 놓은 판매 코너가 있다. 다양한 식품을 구비해놓은 '채식주의자의 식료품점' 외에 스마트스토어(smartstore.naver.com/figfromvegan)도 함께 운영하기 때문에 다른 지역에서도 주문 가능하다.
@figfromvegan

8 꽃피는 4월 밀익는 5월

부산 수영구 망미역 부근에 위치한 이곳은 국내 비건 베이커리의 성지 중 하나로 꼽힌다. 국내 채식의 산증인이자 요리책 《카페 비건 메뉴 101》을 출간한 셰프의 철학이 반영된 까닭에 우유, 달걀, 꿀 등 동물에서 유래한 재료들을 일체 사용하지 않는다. 대신 몸에 좋은 호밀, 밤, 콩가루, 인진쑥, 고구마 등을 빵에 적극 사용하는데, 이를 공급하는 전국 각지 농부들의 이름과 원산지를 고객과 공유하는 '농부실명제'를 도입한 것이 신뢰감을 준다. 밀가루 대신 쌀가루, 현미가루, 두유, 비건버터, 현미유, 죽염 등을 베이스로 해서 신토불이 우리 농산물로 특징을 살린 쑥콩버무리알, 쑥치아바타, 바치토 치아바타, 녹차크럼블, 흑임자크림빵 등이 인기 메뉴. 이외에도 파스타, 샌드위치를 브런치로 즐길 수 있다는 것이 이곳의 장점이다. 배달 가능.
@april_and_may45

9 토오소

제주시 이도동에 있는 비건 베이크숍 토오소(to o so,)는 '땅에서 자란 식물성 재료'를 기반으로 지속 가능한 먹거리를 지향한다. No 버터, No 달걀, No 유제품이 원칙이며, 몸에 좋은 유기농 우리밀, 국내산 쌀가루, 현미유, 유기농 비정제설탕을 사용한다. 인스타그램을 통해 날마다 판매하는 라인업을 공개하며, 글루텐에 민감한 고객을 위해 글루텐프리 간식에 별도의 표시를 해둔다. 무설탕귀리볼, 글루텐프리 인절미볼, 두부의 고소한 맛이 담긴 초코두부브라우니, 말차쌀쿠키가 인기 메뉴이며, 이와 함께 무화과 철에는 '무화과얼그레이타르트' 등 시즌 메뉴를 함께 선보인다.
@ to.o.so_veganbakeshop

코펜하겐은 어떻게 세계적인
패션 도시가 되었을까?
패션위크의 달라진 자세

이제 패션 산업에서 지속가능성은 선택이 아닌 필수적 요소다.
패션위크도 예외는 아니다. 그중 코펜하겐 패션위크는 '지속가능'을
외치며 런던이나 파리, 밀라노 같은 기존의 전통적인 4대 패션위크를
제치고 코펜하겐을 새로운 패션의 도시로 정의 내리며 무서운 속도로
성장하고 있다.

정리 정서진

알다시피 패션 산업은 지구상에서 두 번째로 많은 물을 사용하고
미세플라스틱의 25%를 배출한다. 이산화탄소 배출량은 20%에
달해 패션 산업을 하나의 국가로 본다면 세계 7위 이산화탄소
배출국에 해당한다. 최근 환경위기에 대한 우려가 패션 산업에 대한
문제 제기로 이어지는 이유다. 뉴욕과 런던, 밀라노 파리 같은 이른바
패션도시에서 열리는 패션위크 하나만 놓고 보더라도 알 수 있다. 매년
1월과 9월을 전후로 열리는 세계 4대 패션위크는 그 진행 과정에서
엄청난 양의 이산화탄소를 배출한다. 디자이너와 브랜드 앰버서더,
연예인, 인플루언서, 기자 등 수천 명의 업계 전문가들이 도시와 대륙을
이동하면서 탄소를 배출하기 때문이다. 어디 그뿐인가? 한 번 쓰고
버려지는 초대장이나 포스터, 무대 설치물 등 다량의 폐기물도 발생한다.
화려한 조명과 배경음악을 트는 과정에서 소모되는 전력, 많은 사람이
다녀간 뒤에 버려지는 일회용 플라스틱병과 쓰레기는 환경에 부담을 줄
수밖에 없다. 실제로 패션테크 기업 오드레(ORDRE)가 내놓은 보고서에
따르면, 2019년 세계 4대 패션위크에서 발생한 탄소배출량은 약 24만
1,000톤에 달했다.
그러던 중 지난 2020년 '지속가능성 실행계획'을 내놓으면서 여러
패션위크 중 가장 먼저 변화를 선언한 곳이 있다. 바로 코펜하겐 패션위크
(Copenhagen Fashion Week, CPHFW)다. 실행계획에는 근로자의
작업 환경은 물론 인증된 유기농 섬유와 업사이클 섬유를 최소 50%

이상 사용, 모피 사용 금지, 제작된 모든 세트는 재사용이 가능해야하는
등 2022년까지 제로웨이스트로 전환하기 위한 내용이 담겼다. 그리고
3년이 지난 지금 4대 패션위크 너머에 있는 변방의 행사 중 하나였던
코펜하겐 패션위크는 '지속 가능한 패션위크'로 자리매김하며 세계 5대
패션위크로 불릴 만큼 성장했다. 그렇다면 지속가능성이 선택이 아닌
필수가 된 지금, 막대한 자본과 자원이 들어갈 수밖에 없는 패션위크
속성상 코펜하겐 패션위크는 어떻게 윤리적이고 지속 가능한 패션위크로
자리매김할 수 있었을까?
지난해 2월, 2023 코펜하겐 패션위크 2023 FW 디비전쇼에서는 모두의
이목을 끄는 장면이 연출됐다. 관객석에 앉아 있던 한 여성이 와인잔을
두드리며 무대 중앙으로 걸어 나왔는데, 순간 긴 드레스에 걸려 각종
집기, 음식과 함께 하얀 테이블 커버가 끌려 나왔다. 그런데 다시 보니
테이블 커버까지 긴 드레스의 일부였다. 약간의 얼룩으로 버려지는
하얀색 테이블 커버를 패턴으로 활용해 컬렉션을 완성한 것이다. 이
퍼포먼스는 틱톡에서 무려 4백만 조회 수를 기록했고, 많은 사람에게
회자되며 대중에게 '지속 가능한 코펜하겐 패션위크'라는 이미지를 심어
주었다.
실제로 매년 2월과 8월에 덴마크의 수도에서 열리는 코펜하겐
패션위크에 참가하는 패션 브랜드들은 옷을 제작할 때 절반 이상에
반드시 재활용된 소재나 친환경 소재를 활용해야 하고 모피를

@ganni, @goldiewilliams_

사용해서도 안 된다. 재고를 싸게 팔지 않겠다는 이유로 불태워 버리며 환경에 부담을 안기는 브랜드는 참가할 수 없다. 그뿐만 아니라 사회적 책임을 다하려는 노력도 해야 한다. 근로자들이 정당한 대우를 받으며 안전하게 일할 수 있는 환경을 제공하는 브랜드만이 코펜하겐 패션위크의 무대에 작품을 선보일 수 있다. 게다가 신체적 다양성을 포용하는 디자인과 동물 복지를 고려한 재료를 통해 그들의 가장 큰 비전인 지속가능성에 힘을 더해야 한다.

패션위크 주최 측도 그동안 당연시했던 패션계 전반의 관행을 바꾸기 위해 노력했다. 초대 손님의 수를 줄이지 않는 대신, 이 지속 가능한 가치를 잘 전달할 수 있는 편집자를 바탕으로 게스트 리스트를 엄선했고, 이웃 나라에서 오는 손님에게는 비행기 대신 기차 여행으로 전환할 수 있도록 제안했으며, 패션쇼를 개최하는 과정에서 폐기물이 조금이라도 덜 나오게 하려고 손님들에게 디지털 QR코드 전송으로 종이 초대장을 대신했다. 또한 패션위크 기간 중 일회용 플라스틱 제품을 금지하고 백스테이지에서 발생한 쓰레기는 브랜드에서 분리수거 수수료를 지불하게 했다. 쓰레기 없는 패션쇼를 위해 무대의 조명이나 장식도 간결하게 처리했다. 실제로 덴마크의 브랜드인 '가니'는 낮에 야외에서 별도의 조명 없이 쇼를 열었고, 무대를 화려하게 장식하는 대신 바닥에 그림을 그려 넣는 방식으로 간소하게 꾸몄다.

코펜하겐 패션위크의 행보를 어쩌면 사소하고 제한적이라고 생각할 수도

있겠지만 환경문제를 '패션'의 입장에서 의식적으로 개선하고 있다는 점과 노르웨이나 아이슬란드 같은 나라는 자국에서 열리는 패션쇼에 코펜하겐의 방식을 적용하는 등 패션계에 긍정적인 영향을 끼치고 있다는 점, 그리고 작지만 실력 있고 의식 있는 브랜드가 국제 무대에 설 수 있도록 기회를 만들어준다는 점에서 코펜하겐 패션위크의 가치는 높게 평가할 만하다.

이제 패션 산업에서 지속가능성은 선택이 아닌 필수적 요소다. 글로벌 패션 기업들은 유엔기후변화협약(UNFCC)에 발맞춰 2030년까지 총 온실가스 배출량을 30% 줄이기로 합의하며 2015년 파리 협정의 목표 달성을 위해 적극적으로 동참하고 있다. 4대 패션위크에 참여하는 세계적인 디자이너와 브랜드들 역시 몇 년 전부터 지속 가능한 패션 실현을 위해 움직이기 시작했고 실제로 다양한 목소리와 행동을 보여 왔다. 패션쇼를 바라보는 우리 역시 '지속가능'이라는 단어가 기업의 마케팅 수단이 되지 않도록 늘 관심을 두고 동참하는 자세가 필요하다. 코펜하겐 패션위크가 보여준 책임감 있는 선택과 실행에 우리가 주목하는 이유도 여기에 있다.

참고자료
https://www.harpersbazaar.co.kr
https://eiec.kdi.re.kr
https://greenium.kr

참여하는 재미, 자부심은 덤!

MZ's 해시태그 챌린지

희망보다는 행동이 필요한 지금, MZ세대 사이에서는 누구든 도전할 수 있는 일종의 놀이가 되는
SNS상의 캠페인들이 있다. 필환경 챌린지가 대표적. 이제 우리는 이들이 이끄는 핫한 해시태그
챌린지에 함께 동참할 일만 남았다.

정리 정서진

기후변화를 대하는 올바른 자세, 여럿이, 다 함께!

#고고챌린지 #탈플라스틱 #플라스틱줄이기

지난 1월, 온실가스를 줄이고 기후변화를 늦추기 위해 환경부가 나섰다. 개인이 할 수 있는
일회용품과 플라스틱을 줄이는 캠페인 '고고 챌린지'가 바로 그것으로, 생활 속 탈 플라스틱
실천을 약속하고 실천하는 운동이다. 이 고고 챌린지는 플라스틱 사용량을 줄이기 위해
하지 말아야 할 한 가지를 '거부하고', 해야 할 한가지를 '실천하고'라는 슬로건의 끝말을
활용해 붙여진 이름인데, 예를 들어 '비닐봉투 거부하고! 장바구니 사용하고!'라는 문장과
함께 실천 행동이 담긴 사진, 영상 등을 SNS에 공유하고 챌린지를 이어갈 사람을 지목하면
된다. 환경부는 고고챌린지가 국민적인 실천 운동으로 확산할 수 있도록 실천 릴레이를
이어가고 있는데, #고고챌린지 #탈플라스틱 플라스틱줄이기 해시태그와 함께 플라스틱
사용을 줄일 수 있는 행동 두 가지를 실천한 게시물을 포스팅한다면 간단히 참여할 수 있다.
@onulum.life

#고고챌린지
-
지구 살리기 캠페인   onulun

#용기내 #용기내캠페인 #용기내세요 #일회용품말고용기를

일회용 플라스틱 사용을 줄이기 위해 용기(勇氣)를 내서 용기(容器)에 담아오는 캠페인.
배우 류준열이 #용기내 해시태그와 함께 마트에서 직접 가져간 용기에 생선을 담아
구매하는 인증샷을 올리며 급속도로 퍼진 제로웨이스트 챌린지다. 환경단체 그린피스가
제안한 캠페인으로 박진희, 김효진 등 많은 연예인의 참여와 함께 무포장 가게들이
늘어나면서 일반 사람들의 참여도 계속해서 현재진행 중이다. 방법은 간단하다. 구입한
식재료를 천이나 보자기, 에코백 등에 담고 물기가 있는 식재료나 음식 등은 다회용기에
담는다. 이것만으로도 불필요한 비닐이나 플라스틱, 종이 등을 줄일 수 있기 때문이다.
@earth_us

#플로깅 #줍깅 #클린하이킹 #바다쓰레기줍기

스웨덴에서 시작된 플로깅은 이삭을 줍는다는 뜻의 스웨덴어 'plocka upp'과 영어 'jogging'의 합성어로, 가볍게 조깅하며 쓰레기를 줍는 활동을 의미한다. 최근에는 국내에서도 플로깅 활용이 확산되며 '줍깅, 쓰줍(쓰레기를 줍다)' 등 한글로도 많이 불리고 있다. 단순한 러닝보다 칼로리 소비도 많고 환경보호까지 가능해 미닝아웃을 중요시하는 MZ세대의 인증샷이 넘쳐나는 중! 비슷한 취지의 해시태그로는 등산하며 산에 버려진 쓰레기를 주워 하산하는 #클린하이킹과 해양쓰레기를 청소하는 #바다쓰레기줍기 #BeachCleanUp, 한 번의 다이브당 최소 한 개의 바다 쓰레기를 함께 수거하는 #1dive1waste 등이 대표적이다.
@dalpic

#Earth Hour #어스아워 #지구에휴식을

'어스 아워'는 기후변화의 심각성을 알리고 온실가스 배출량을 줄이기 위해 2007년 호주 시드니에서 처음 시작한 전등 끄기 캠페인으로 한 시간만이라도 탄소배출량을 줄여 지구를 살리자는 취지에서 시작되었다. 매년 3월 마지막 토요일 저녁 8시 30분부터 1시간 동안 소등함으로써 지구에 휴식을 주는 '어스 아워'는 세계 190여 개국 7,000여 개 도시는 물론, 각국의 유명 랜드마크가 참여하는 세계 최대 규모의 환경 운동이다. 한국에서도 이와 비슷한 방법으로 내셔널 지오그래픽 채널이 2013년 4월 22일, 지구의 날에 '1시간만 TV 끄기' 캠페인을 펼치기도 했다.
@gyeongi9274

#페트라떼

2019년 기준 우리나라 한 해 폐페트병 배출량은 약 30만 1,829톤. 여기에 81.16%인 24만여 톤만이 재활용이 가능하다. 절반이 넘는 양이니 재활용이 잘 되고 있다고 생각할 수 있지만 실상은 아니다. 70% 이상은 저품질 솜이나 노끈으로 재활용되어 다시 쓰레기장으로 들어오기 때문이다. 이에 의료용 섬유나 식품 용기 등으로 재가공할 수 있는 고급 폐페트병을 일본, 대만 등 다른 나라의 수입에 의존해왔다. 안 그래도 차고 넘치는 것이 플라스틱일 텐데, 왜 폐페트를 수입하는 것일까? 이유는 배출방식 때문. 그동안 라벨을 떼지 않거나 색깔 있는 폐트병과 투명 페트병을 구분 없이 버려 다른 플라스틱과 함께 수거해왔기 때문이다. '페트라떼'란 '페트병의 라벨을 떼고 버려달라'는 의미로 하이네켄코리아와 환경부가 지난해 12월부터 시작한 챌린지다. 참여 방법은 간단하다. 내용물이 비워진 투명 페트병의 라벨을 제거한 다음 압축해 사진을 찍고, SNS에 해시태그 달아 올린다. 한 달 캠페인 기간 동안 무려 2,000여 개의 게시물이 올라올 만큼 인기 있는 캠페인 중의 하나였다.
@bkgemma

#채소한끼최소한끼

몇 년 전부터 다이어트와 건강 관리, 동물 복지, 환경보호 등의 이유로 건강한 먹거리에 대한 관심이 높아지면서 비건에 관심을 가진 사람들이 늘고 있다. '채소한끼, 최소한끼'라는 문구의 캠페인은 그린피스에서 진행하는 것으로, 그린피스는 육류를 만들기 위해 운영되는 현재의 공장식 축산을 줄이고, 기후위기의 시대에 현대인들이 실천할 수 있는 기후 대응 방법으로 '채식'을 추천하고 있다. 나아가 그린피스는 '채식이 어렵다'고 여기는 사람들을 위해 '천천히 시작해도 괜찮다'고 설명하며, 하루 한 끼 채식으로 더 나은 식습관에 도전해보길 권하고 있다. 배우 윤승아 역시 자신의 유튜브 채널을 통해 '채식한끼, 최소한끼' 콘텐츠를 소개, 매일 한 끼 즐기는 비건 집밥 메뉴를 소개하며 환경 문제와 지속 가능한 삶에 대해 언급한 바 있다.

@cusine_de_claudine

#Deleting Emails #메일함 비우기 #매일매일비워요 #비우새

귀찮아서 혹은 게을러서 방치한 이메일만 삭제해도 환경보호에 동참할 수 있다. 각 나라의 데이터 센터는 데이터 처리를 위해 365일 24시간 쉼 없이 돌아가고 있는데, 이때 데이터 센터에서 발생하는 열을 냉각하는 과정에서 대규모의 전력이 소모되고 이산화탄소 배출이 발생하기 때문이다. 세계적인 환경 컨설턴트이자 탄소발자국 전문가 마이크 버너스리(Mike Berners-Lee) 교수의 2011년 저서 《거의 모든 것의 탄소발자국》에 따르면 평균적으로 이메일 1통은 4g의 이산화탄소를 배출한다. 사진이나 영상 등의 첨부파일이 있을 경우, 탄소배출량은 최대 50g까지 늘어난다. 전 세계 약 23억 명의 이메일 사용자가 각자 50개씩만 삭제해도 2억 7,600만kWh의 전기 절약이 가능하다고 하니, 지구를 위해서도 불필요한 이메일은 쌓아 두지 말고 지금 바로 삭제하자.

@012alsl

#남김없이 #남기지말아요 #빈그릇챌린지

우리가 먹고 남긴 음식물은 심각한 환경 문제와 경제적 손실을 가져오는 것은 다 알고 있는 사실이다. 음식물 쓰레기는 처리되는 과정은 물론 생산, 수입, 유통되는 과정에서도 많은 양의 에너지와 탄소를 배출하고 있기 때문이다. #남김없이는 꼭 필요한 만큼만 조리해 남김없이 먹고, 요리와 설거지 과정에서 불가피하게 발생하는 음식물 쓰레기는 수분을 제거해 부피를 줄여 버리는 것부터 실천하는 캠페인이다.

@jisunjoung

#트래시태그 #쓰레기치우면서놀자

'청소'를 모든 사람이 쉽게 할 수 있는 '놀이'로 바꾼 챌린지가 있다. 바로 '트래시태그'다. 쓰레기를 뜻하는 '트래쉬(trash)'와 해시태그를 의미하는 '태그(tag)'를 합친 용어로, 이름처럼 쓰레기를 치우고 SNS에 인증샷을 올리는 참여형 캠페인이다. 방법은 간단하다. 쓰레기로 고민하는 지역을 방문해 청소하고 깨끗해진 모습을 사진으로 찍어 SNS에 올리면 된다. 장소는 어디든지 가능하다. 대신 캠페인에 참여했다는 사실을 증명하기 위해 쓰레기가 담긴 봉투와 전후 비교 사진을 올려야 한다. 사실 이 챌린지는 2015년 미국의 한 의류 회사 마케팅 프로젝트로 시작해 10대 네티즌이 사진과 함께 게시물, 태그 등을 올리면서 폭발적으로 알려졌다. 단순한 환경 운동이 아닌 '힙한' 놀이 문화로 인기를 끌게 된 것이다. 요즘 트래쉬태그 챌린지는 미국의 10대들뿐만 아니라 세계 모든 사람이 함께하는 캠페인으로 확장되었다. 환경보호 활동이 즐거운 놀이가 된 덕분에 지구를 청소하는 일에 자발적으로 참여하는 사람들이 늘고 있는 셈이다. 이 해시태그는 수만 건 이상으로 우리나라를 세계 곳곳에서 환경보호에 대한 열띤 행보를 걷고 있다.

@hellobee7749

Lifeline Issues for Zero Walker

ACTION

내 손으로 쓰담쓰줍, 반려해변은 어떤가요?

그 어떤 것이든 넉넉히 받아줄 것 같았던 지구 최대의 생태계, 바다 역시 끝없이 망가지고 있음을 보여주는 증거는 헤아릴 수 없이 많다. 특히 우리가 살아가면서 배출하는 쓰레기는 강이나 하천을 통해서 또는 빗물에 쓸려오는 등 다양한 경로를 통해 육지에서 바다로 유입되고 있다. 이렇게 바다에 흘러간 쓰레기에 가장 크게 피해를 입는 건 바다에 서식하는 해양생물들이다. 유엔환경계획(UNEP)에 따르면 해양폐기물로 매년 바닷새 100만 마리, 해양포유동물 10만 마리가 목숨을 잃는다. 해양수산부 조사에 따르면 우리나라 바다에 흘러간 쓰레기 양은 약 14만 톤에 달한다. 상황이 이렇다 보니 최근 시민단체와 기업·기관들은 바다로 흘러가는 폐기물을 조금이나마 줄이기 위해 다양한 해양정화활동을 추진하고 있다. 그중 하나가 해변을 반려동물처럼 입양해 깨끗하게 관리하고 가꾸자는 의미의 '반려해변' 프로그램이다. 반려해변은 1986년 미국 텍사스에서 시작해 영국과 오스트레일리아, 뉴질랜드 등으로 점차 확산하고 있는 프로그램으로 이를 해양수산부가 국내에 적합한 방식으로 2020년 재해석해 시작한 환경사업이다. 처음엔 시범사업으로 3개 기관만 참여했던 것이 2년이 조금 지난 지금은 2023년 4월 기준 128개 기관이 80개 해변을 맡아 '반려'하고 있다. 특히 GS 리테일과 CJ 제일제당, 롯데홈쇼핑 등 기업들의 열기가 뜨겁다. '바다를 돌보고 가꾼다'는 취지가 ESG 경영을 강조하는 최근 기업들의 분위기와 맞아 떨어진 덕분이다. 기업뿐만 아니다. 학교는 물론

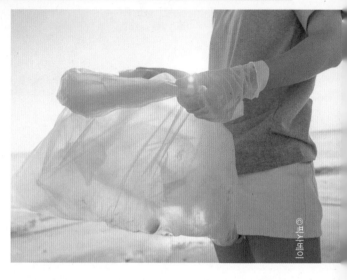

©박시호이

대사관, 동아리, 연예인 팬카페에 이르기까지 참여하는 기관과 단체 역시 다양하다.

반려해변을 입양하려면?

반려해변 입양 방법은 간단하다. '바다 가꾸기 사이트(caresea.or.kr)'에서 신청하면 된다. 해양환경보호에 관심이 있는 기업·단체·학교 등 누구나 참여할 수 있다. 입양하고 싶은 반려해변을 정한 다음 신청 사유, 대략적인 정화활동 및 캠페인 계획을 작성해 등록하면 관리자가 접수 내용을 검토한 후 지자체 등과 협의 후 입양 승인 여부를 알린다. 참여 기간은 2년(연장 가능)이며, 연 3회 이상 정화활동을 하고 캠페인은 연 1회 이상 벌이면 된다. 대신 모든 참가자는 해변에서 수거한 해양쓰레기의 종류와 수량을 스마트폰 앱 '클린스웰'을 이용해 기록해야 한다.

참고 문헌 www.hani.co.kr, www.newspenguin.com

©박시호이

나무 없이 매일 지구에 나무를 심는 방법

나무를 심는다는 것이 생각보다 간단하지는 않다. 진짜 나무를 심는 대신 매일매일 베어져 나가는 나무를 구할 '대체 식목법'은 어떨까? 첫째 펄프를 사용해 만드는 종이 청구서, 영수증 대신 모바일이나 이메일을 사용한다. 한국전력은 전기료 고지서를 모바일로 완전히 바꿀 경우 연간 18만 그루의 나무를 심는 효과가 있다고 밝혔다. 두 번째는 비건이나 채식주의자가 아니어도 일주일에 하루쯤 지구의 건강과 나 자신의 건강을 위해 채식 식단을 차려보는 거다. 늘어나는 육류 소비량 때문에 숲이 더욱 빠르게 사라지고 있기 때문이다. 셋째는 휴지를 아껴 사용하는 것. 종이의 원료가 되는 펄프 1톤을 만들려면 30년생 나무 20그루가 필요하다. 화장실과 주방, 화장대에서 무수히 사용하게 되는 휴지와 물티슈 사용을 줄이는 노력이 필요한 이유다. 또 하나 모바일 메일앱 옆에 '999+'가 뜰 때까지 쌓이는 각종 스팸메일이 소모하는 전기량은 매년 330억 Kw로 1,700만 톤의 이산화탄소를 발생시킨다. 그런데 1톤의 이산화탄소를 없애려면 360그루의 나무가 필요하다. 결국 총 61억 2,000만 그루의 나무를 심어야 한다는 계산이 나온다. 일주일에 한 번, 스팸메일을 청소하면 나무 없이 나무 심는 '사이버 식목'이 가능해진다.

FOOD

버려지는 먹거리의 가치 소비

식품 가공 과정에서 버려지는 부산물은 물론 수확 과정에서 흠집이
나거나 상품성이 떨어진다는 이유로 버려지고 있는 일명 '못난이 농산물'
까지 합하면 어마어마한 먹거리들이 쓰임을 다하지 못한 채 버려지고
있다. 그래서 나오는 말이 '푸드 업사이클링'이다. 이는 음식물 쓰레기나
상품 가치가 없는 식품을 새로운 부가가치 또는 고품질의 지속 가능한
먹거리로 바꾸는 것을 뜻한다. 특히 최근에는 지속 가능한 음식물 쓰레기
처리 방안으로 급부상하면서 식품 폐기물을 줄이고 가치 소비를 실천할
수 있는 푸드 업사이클링 시장이 점점 커지고 있다.

©픽사베이

완성된 음식 새활용

집에서보다 음식점에서 버려지는 음식물의 양이 훨씬 많다. 손님이 어느 정도 올지
예측하기 힘들기에 늘 여유 있게 만들어 놓기 때문이다. 이런 가운데 유럽에서는
만든 지 하루가 지나지 않은 음식을 1/3 가격에 살 수 있는 새활용 앱이 선풍적인
인기를 끌고 있다. 지난 2015년 덴마크에서 시작된, 버리기에는 너무 아깝다는
뜻의 'Too Good To Go' 앱도 그중 하나다. 만든 지 하루가 지나지 않았지만 팔리지
않아서 버리기 직전의 음식을 정가의 1/3 정도 가격으로 저렴하게 살 수 있다. 음식
사진을 찍고 픽업 장소를 지정하면 다른 사용자가 받아가는 방식의 영국의 음식물
공유 서비스 스타업 올리오(OLIO)도 있고 유통기한이 지나지 않은 미개봉 상태의
음식물을 받는 프랑스 기부 서비스 앱 '웁웁푸드(hop hop food)'도 있다. 일본
도쿄에 있는 '밤의 빵집'은 일주일에 사흘간 저녁 7시부터 9시까지만 운영되는데,
직접 빵을 굽지 않고 다른 빵집들이 영업을 마치고 남은 빵을 저렴하게 판매하는
상점이다.

식품 부산물 새활용

샌드위치 가게에서는 버려지는 식빵 가장자리로 맥주를 만들어 판매하는 영국의

주류 회사가 있는가 하면, 미국의 한 식품회사는 흠집이 났거나 모양이 예쁘지
않아서 상품화되지 못한 채 폐기되었던 과일을 활용하여 일명 '기후 사탕(Climate
Candy)'이라고 불리는 캔디를 출시했다. SPC삼립은 두부 생산 과정에서 발생하는
부산물인 콩비지를 쌀가루와 함께 새활용해 약과를 선보였고 CJ제일제당도 깨진
쌀가루와 콩비지를 활용해 지난해 '익사이클(Excycle) 바삭칩'을 출시했다.

못난이 농산물 새활용

편의점 GS25는 이번 수해로 피해가 큰 경북도와 충청도 지역의 과일을 매입해
판매하고, GS더프레시 역시 못난이 채소류를 매입해 할인 판매하기로 했다.
롯데마트도 외관상의 이유로 상품성이 떨어지는 '못난이 오이'를 약 10t 매입해
'상생 오이'라는 이름으로 판매하고 있다. 홈플러스도 호우 피해가 막심한 강원도
지역의 오이와 고추를 '맛난이 농산물'로 명명하고 판매에 나섰다.

참고 문헌 www.ohmynews.com

©픽사베이

지구와 나를 위한 저탄소 식단, 액션 리스트

어떤 식생활이 지구를 살릴 수 있을까? 탄소 배출이라고 하면
화력발전이나 자동차 매연처럼 눈에 보이는 걸 먼저 생각하기 마련이다.
하지만 우리 눈에 쉽게 보이지 않는 분야에서 발생하는 탄소의
배출량이 생각보다 크다. 축산업이 그 대표적인 분야다. 소나 돼지를
사육하는 과정에서 발생하는 탄소발자국이 크기 때문이다. 그뿐만
아니라 식재료의 생산부터 포장, 가공, 운송, 조리 과정, 먹고 난 후의
처리까지 포함한 일련의 과정에서도 수많은 탄소가 발생하고 있다.
한마디로 식품을 기른 장소와 식품이 우리에게 오기까지의 과정 등이

탄소발자국에 큰 영향을 끼친다. 또한 매년 버려지는 음식물 쓰레기는
온실가스 중에서도 강력한 종류인 메탄을 배출해 지구온난화에
치명적인 영향을 미친다. 그럼 우리는 어떻게 해야 탄소발자국을 줄일 수
있을까? 저탄소 식단을 실천하는 방법에 바로 해답이 있다.

☑ LET'S DO IT! ACTION LIST

- ✔ 일주일치 식단을 미리 계획하는 습관을 들인다.
- ✔ 식단 계획표에 따라 꼭 먹을 만큼만 산다.
- ✔ 가공식품 대신 신선식품 위주로 먹는다.
- ✔ 배달 음식을 줄이고, 직접 요리한다.
- ✔ 주변 지역에서 나는 제철 먹거리를 적극 활용한다.
- ✔ 육식을 줄이고, 채식 위주의 식단을 짠다. (3.25kgCO₂↓/한끼)
- ✔ 탄소를 덜 배출하는 고기(양고기 20kgCO₂ ⇨ 쇠고기 15kgCO₂ ⇨
  돼지고기 12.1 kgCO₂ ⇨ 닭고기 6.9 kgCO₂)를 선택한다.
- ✔ 푸드 마일리지가 큰 수입 식품 사용을 줄인다. (10% 줄이면 16.7 kgCO₂↓)
- ✔ 전기나 가스 사용량을 줄이기 위해 요리할 때 냄비나 팬의 뚜껑을 덮는다.
- ✔ 음식물 쓰레기를 줄인다. (20% 줄이면 36.2kg/월↓)

*푸드 마일리지

먹을거리가 생산자의 손을 떠나 소비자 식탁에 오르기까지 이동 거리.
푸드 마일리지의 값이 클수록 식품의 신선도가 떨어지고, 식품을 운반하는 선박과
비행기의 탄소배출량이 많아 지구온난화를 가속화한다.

FASHION & VIEW

기억해야 할 지속 가능한 패션 인증

리사이클 소재를 사용했는지, 생산 및 판매 과정에서 친환경적인 방법으로 유통되고 있는지가 중요해지고 있는 요즘, 친환경 의류 제품을 구입할 때 도움되는 패션업계 인증 기관들이 여기 있다.

GOTS (Global Organic Textile Standard)

친환경, 유기농 섬유 인증 마크로 오가닉 인증마크 중 가장 대중적으로 알려져 있다. 생태학적 및 사회적 기준을 포함해 유기농 섬유에 대한 세계 최고의 섬유 가공 표준이다. 인증 받은 유기농 원료로 완제품을 제조했는지, 원료부터 완제품 생산 및 판매에 이르는 공급망 전 단계에 걸쳐 기업이 환경적·사회적 기준을 준수했는지 심사하는데, 그 과정이 매우 매우 까다롭기 때문에 가장 신뢰할 수 있는 인증 중 하나로 평가받고 있다. www.global-standard.org

Standard 100 by OEKO-TEX

유해물질 안전성 인증 마크. 의류와 가정용 섬유 제품에 사용한 모든 소재에 대해 유해물질 테스트를 진행하며 인체 건강에 무해하다는 것을 인증한다. 법적 규제·비규제 물질 100여 개에 대한 실험을 진행해서 국제 기준보다 엄격한 기준치로 심사한다. 유아용 제품과 같은 가장 엄격한 요구사항을 통과한 클래스 1등급부터 실내 장식품, 액세서리를 포함한 장식 재료에 해당하는 클래스 4등급까지 총 4단계로 나뉘어 있다. www.oeko-tex.com

GRS (Global Recycled Standard)

20% 이상의 재활용 원료를 함유한 제품을 대상으로 섬유 원료 및 의류 생산에 재활용 원료를 사용했음을 인정하는 국제 표준이다. 재활용 재료의 사용을 늘리는 것을 목표로 재활용 원료의 함량뿐만 아니라 사회적, 환경적, 화학적 준수 여부를 엄격하게 평가한다. 재활용 원료 함량을 평가하고 환경적 측면의 기준 준수 여부를 인증할 뿐만 아니라 사회적, 환경적, 화학적 준수 여부를 평가한다. www.textileexchange.org

RDS (Responsible Down Standard)

오리나 거위 등 살아 있는 조류의 털을 함부로 채취하지 않았음은 물론, 강제 급식 등 동물 학대와 관련된 행위를 하지 않고 생산한 다운 제품에 발행되는 인증마크. 식품으로 사용하기 위해 사용, 도축되는 오리나 거위의 부산물인 털을 버리지 않고 재활용해 생산하는 것이다. 농장부터 완제품 생산 및 판매에 이르는 공급망 전 단계에 걸쳐 심사한다.

RWS (Responsible Wool Standard)

양 떼 농장의 동물 복지 준수 여부와 방목지의 토지 관리를 확인하는 인증. 농장부터 완제품 생산 및 판매에 이르는 공급망 전 단계에 걸쳐 심사하며, 살아 있는 상태에서 피부 일부를 도려내는 뮬징(Mulesing)을 금지하는 등 자유롭고 안전한 사육 환경을 보장한다. 토양 보호와 생물 다양성·고유종 보호를 위한 방목지 관리 상태도 검토한다.

Fair Wear Foundation

재단에 가입한 140여 개 이상의 브랜드를 상대로 매년 브랜드 성과감사를 진행한다. 공급망에서 가장 노동 집약적인 부분인 의류 생산과 바느질·재단·트리밍 공정 과정에서 정해진 기준과 부합하는지 확인한다. 아동 노동을 금지하는 것은 물론, UN의 인권선언문과 국제노동기구 협약을 참해 만든 엄격한 기준으로 보다 공정한 의류 제작 방법을 모색하고 있으며, 공장, 노동조합, NGO 및 정부와 직접 협력해 공급망 전반에 걸친 새로운 해법을 제시한다. www.fairwear.org

Fur Free Retailer

모피를 사용하지 않는 기업과 윤리적인 제품을 찾는 소비자를 연결해주는 프로그램. 소비자에게 소매업체의 모피 정책에 대한 정확한 정보를 제공해 현명한 쇼핑을 할 수 있도록 돕는다. 전 세계 25개국 이상에서 운영되며, 수백만 명의 지지자를 대표하는 주요 동물 및 환경보호 단체인 모피반대연합(Fur Free Alliance)의 국제 이니셔티브이다. www.furfreeretailer.com

참고 문헌 https://harpersbazaar.co.kr

퍼 프리 그리고 진화하는 직물

스텔라 매카트니를 시작으로 2018년 영국패션협회가 모든 패션쇼에서 동물 모피를 금지시킨 이후 베르사체, 구찌, 클로에 등 수많은 브랜드가 '퍼 프리'를 선언했다. 패션 업계가 이러한 운동을 시작하게 된 데는 그럴 만한 이유가 있다. 잔혹하게 희생되는 동물들의 실태에 관심을 가진 한편, 이들을 기르고 도축하는 과정에서 발생하는 수질·대기·토지 오염, 부패와 이를 막기 위해 독성 강한 화학물질 사용을 멈추기 위해서다. 최근 들어 새로운 친환경 소재 개발이 활발해진 이유다. 생명공학 회사 마이코워크스(Mycoworks)의 버섯 균사체로 비건 가죽은 물론, 샤넬의 지원을 받아 실크 기반의 섬유화학을 만들어내는 생명공학 회사 이볼브드 바이 네이처는 실크 프로틴을 활용해 직물을 보호, 보수, 강화하는 지속 가능 분자를 만들었다. 가죽을 실크 베이스로 마감하면 성능이 강화되고 소재도 재활용할 수 있는 것이다. 프랑스 기업 에코펠이 세계 최초로 옥수수 등 비건 재료를 활용해 만든 인조 모피 코바(Koba)도 있다. 특히 코바는 바이오 연료 산업 분야에서 얻은 옥수수를 결합한 섬유는 전통적인 모피 제작방식보다 에너지 사용은 30%, 온실가스 배출은 63%나 감소시킬 수 있어 동물보호협회인 페타의 강력한 지지를 얻기도 했다. 그밖에 이탈리아 기업 아쿠아필이 개발한 에코닐(Econyl)은 해양폐기물로 버려진 어망 등을 수거해 만드는 나일론 소재로 프라다, 구찌, 버버리, 스텔라 매카트니 등 많은 명품 브랜드에서 활발히 사용하고 있다. 또한 올리브오일을 생산할 때 나오는 폐수를 활용해 태닝 작업을 한 '지속 가능한 가죽'으로 레이서 재킷을 만든 발렌시아가와 땅에 묻어도 쉽게 분해되는 러버 소재를 사용해 '러버 퍼들' 부츠를 선보인 보테가 베네타도 주목받았다.

PLACE

기후 위기 시대, 조명받는 재생 공간 평화문화진지

원래는 1968년 '김신조 사건'을 계기로 만든 대전차 방호시설이었다. 시간이 흐르고 노후화되면서 도시의 흉물로 전락했지만 공간재생사업을 통해 복합문화공간으로 다시 태어났다. 폐허였던 이곳에 꽃과 풀이 자라고 사람이 드나들기 시작한 것은 2017년 무렵, 이곳이 공간재생사업을 통해 복합문화공간으로 재조성된 이후다. 2014년 7월 민간과 행정의 협력으로 공간재생을 합의했고, 2016년 12월 서울시·도봉구청·6보병사단이 대전차 방호시설 리모델링을 위한 협약을 체결했다. 그리고 애물단지였던 대전차 방호시설은 예술 창작자와 서민을 위한 복합문화공간으로 거듭났다. 평화문화진지에는 입주 작가들이 작품 활동을 펼치는 레지던시를 비롯해 공연장, 연습실, 전시실, 세미나실, 카페테리아, 스튜디오 등을 갖춘 전방위 문화예술 창작 공간이 마련되어 있다. 더불어 인근의 도봉산, 북한산 둘레길, 서울창포원과 함께 서울 북부 여행의 떠오르는 아이템으로 자리매김하고 있다. 서울 북부 변방에 위치해 상대적으로 다소 소외될 수밖에 없었던 문화 기근 지역이 평화문화진지를 축으로 재조명되는 것이다. 자연, 생태 그리고 사회 이슈 등의 키워드로 평화문화진지는 앞으로도 많은 이에게 영감과 휴식을 주는, 몸과 마음의 '재생 공간'이 될 것이다.

주소 서울시 도봉구 마들로 932 / **시간** 오전 10시~오후 6시(매주 월요일 휴무) / **입장료** 무료

지구를 사랑하는 호텔

이제 호텔에서 경험할 수 있는 건 쾌적한 객실이나 수준 높은 서비스만은 아닌 듯싶다. 지구와 환경을 생각하고, 지속 가능한 미래를 엿볼 수 있는 체험이 그 어떤 서비스보다 더 중요해졌기 때문이다.

덴마크 빌라 코펜하겐

'빌라 코펜하겐'은 지속가능성에 대한 의미를 떠올리게 하는 호텔이다. 코펜하겐 구시가 중심에 자리 잡은 이 역사적 건축물은 1912년 지어진 덴마크 우체통신국 건물을 개조한 곳으로, 2020년 7월 오픈했다. 호텔 곳곳엔 재활용 자재로 만든 친환경 가구와 소품을 배치했고 호텔 스태프 작업복까지 지속 가능한 소재를 활용했다. 옥상에 자리 잡은 25m 길이의 수영장은 호텔의 냉각 시스템이 만들어내는 열을 이용해 수온을 맞춘다. @villacph

소호하우스

소호하우스는 1995년 영국인 사업가 닉 존슨이 만든 프라이빗 멤버십클럽으로, 우리에게는 미국의 드라마 <섹스 앤 더 시티>에서 천하의 사만다가 들어가지 못해 절절맸던 곳으로 알려진 바로 그곳이다. 암스테르담, 바르셀로나, 베를린, 시카고 등 세계 각국의 도시에 26개의 소호하우스를 운영 중이다. 소호하우스는 넷제로를 위해 노력하는 파트너와 일하는 것은 세탁 과정에서 환경 오염의 주범이 되는 화학 표백제가 없는 제품만을 사용하며, 일회용품 대신 재활용할 수 있는 식기구와 포장, 배송 시스템을 운영하고 있다. 레스토랑에서 남은 음식들은 지역사회의 파트너들과 협력하여 남은 음식을 먹을 수 있도록 재분배하고, 음식 쓰레기를 줄이기 위한 목표를 설정하여 관리하고 있다. 특히 영국 옥스퍼드셔에 위치한 소호 팜하우스는 영국에서 가장 인기 있는 친환경 숙박지로 선정되기도 했다. 이곳은 영국의 메건 마클 왕자비와 해리 윈저 왕자 부부의 브라이덜 샤워, 데이비드 베컴과 빅토리아 베컴의 아들인 브루클린 베컴의 결혼식 장소로도 유명하다. @sohohouse

런던 헥필드 플레이스

영국 런던에서 1시간 정도 떨어진 햄프셔 전원 지역에 위치한 헥필드 플레이스(Heckfield Place). 객실 내부에는 플라스틱이 존재하지 않으며, 샤워나 난방은 목재 펠릿을 태우는 바이오매스 보일러를 사용해 지속 가능한 에너지 자원을 활용하고 있다. 또한 부지 관리부터 씨를 뿌리고 수확하는 것에 이르기까지 모두 이곳에서 관리하는 '홈 팜(home farm)'을 통해 얻은 신선한 재료를 사용하고 건강하고 맛있는 음식을 제공한다. @ Heckfield_Place

DESIGN

아무것도 남기지 않는 제로 디자인

환경을 위한 브랜드의 노력은 진화 중이다. 아직까지는 실험적인 개념 이지만 물건은 만들되, 사용 후엔 아무것도 남기지 않는 '제로 디자인'이 속속 등장하고 있기 때문이다. 필요해서 만든 물건이지만 쓰고 난 뒤에는 쓰레기가 된다. 그렇다고 필요한 물건을 만들지 않을 수는 없다. 그래서 물건을 사용할 때는 물론이고 버릴 때도 쓰레기가 나오지 않도록 소재와 원료를 바꾸려는 노력이 꾸준히 시도되고 있고 그중 하나가 바로 제로 디자인(Zero Design)이다. 제로 디자인이란 제품이 사용되고 난 후 버려질 때를 고려한, 한마디로 아무것도 남기지 않는 디자인을 말한다.

전 세계적으로 지속 가능한 소비에 대한 관심이 커지면서 기업은 이런 제로 디자인은 물론이고 환경 친화적인 방식으로 제품을 생산, 디자인하고 있다. 이제 제품 디자인은 단순히 친환경 소재를 사용하는 것을 넘어서 사용 후 쓰레기를 남기지 않는 필환경 시대에 요구되는 디자인으로 진화할 수밖에 없는 것이다.

땅속에 묻으면 자라는 새싹 연필

몇 해 전 미국 MIT 학생들이 연필을 재활용하는 아이디어를 가지고 소셜 펀딩 사이트에 올려 화제가 된 적이 있다. 땅속에 묻으면 새싹이 자라는 일명 '스프로트 펜슬(Sprout Pencil : 새싹 연필)'이 바로 그것이다. 얼핏 평범한 연필로 보이지만 사실 연필 아래쪽 검은색 부분에 캡슐이 있다. 그 캡슐 안에는 12가지 식물의 씨앗이 들어 있어 다 쓰고 난 연필을 화분에 심으면 새싹이 자라난다. 현재는 우리나라에서도 판매 중이다.

새싹이 돋아나는 달걀 포장재

디자이너 조지 보스나스(George Bosnas)가 설계한 달걀 포장재 바이오팩(Biodegrapak)은 지속가능 디자인을 주제로 한 '영 발칸 디자이너스 콘테스트(Young Balkan Designers' Contest) 2019'에서 수상한 패키징이다. 종이 펄프와 밀가루, 전분, 씨앗으로 구성된 달걀 포장재는, 이후로 패키징에 물을 집적 뿌리거나 적당히 부숴 화분에서 물을 주며 관리하면 30일이 지나 싹이 나고 식물이 자라난다. 뿌리에 공생하는 미생물이 토양의 질소를 고정해 식물이 수분을 흡수할 수 있도록 돕는 성질에 기반한 아이디어로, 폐기물은 없고 새싹이 탄생한다.

먹을 수 있는 숟가락

인도는 매년 소비, 폐기되는 일회용 숟가락이 약 1,200억 개로 알려졌다. 농업 전문가인 나라야나 피사파티(Narayana Peesapati)는 무분별한 일회용품 사용에 죄책감을 느꼈고, 과학자였던 자신의 전공을 살려 문제를 해결하고자 bakeys라는 회사를 설립, '먹을 수 있는 스푼'을 개발했다. 수수와 쌀, 밀가루 같은 천연 성분으로 반죽해 모양을 만든 뒤 구워낸 것으로, 뜨거운 물이나 음식에서 단단하게 유지되는 상태가 30분 정도로 짧지만 먹지 않아도 5일이면 자연에서 썩어 생분해된다. 고구마, 보리, 참깨 등 맛도 8종류나 된다.

나무가 자라는 신발

100% 생분해성 소재로 신발을 제작하는 네덜란드 신발회사 'OAT Shoes'. 재미난 발상으로 운동화도 친환경 제품이 될 수 있다는 사실을 증명하고 있다. 바로 나무가 자라는 신발이다. 원단 및 재질은 천연 식물섬유, 고무 등으로만 사용하고 플라스틱의 석유화학물질을 배제해 폐기 시 자연 분해가 되도록 했다. 신발 코 부분에 작은 씨앗이 숨겨져 있어 신발을 땅에 묻으면 분해된 신발이 영양분이 되어 얼마 후에 나무로 자라난다. 환경 오염에 대한 부담을 줄이면서 푸른 지구에 도움이 된다. 나무가 자라는 신발 답게 밑창은 나무를 그린 문양을 새겨 넣기도. 친환경 운동화 '버진컬렉션'은 지난 2011년 암스테르담 국제 패션위크 그린패션 부분에서 2위를 수상하기도 했다.

먹을 수 있는 컵

커피 시장이 전 세계적으로 성장하면서 일회용 컵 사용이 환경 문제로 대두되기 시작했다. 이에 불가리아의 컵피(CUPFFEE)라는 회사는 유기농 곡물 컵을 개발해 시판하고 있다. 유기농 귀리와 밀가루로 컵을 제작한 쿠키컵은 내구성이 강해서 온도와 상관없이 12시간 양을 유지한다. 뜨거운 커피를 담아도 차가운 아이스크림을 담아도 문제없다. 커피를 다 마시고 쿠키로 만들어진 컵을 먹으면 끝. 일회용 컵을 사용하지 않음은 물론 커피와 쿠키를 즐기면서 설거지 거리도 없게 만드는, 따라서 물의 사용량도 줄일 수 있는 쿠키컵은 매우 유용한 친환경 아이디어인 셈이다. 종이 홀더 역시 친환경 재질로 만들어졌다.

MOVIE

스크린에서 만나는 아름다운 숲, 실제는 어디?

필환경 시대에 숲이 가진 탄소흡수 능력이 주목받고 있다. 숲은 '탄소흡수'라는 기능성 외에도 우리에게 매우 각별한 존재다. 먹을 것과 일상을 영위할 수 있는 온갖 재료를 내어주는 나무와 숲이야말로 사랑과 숭배의 대상이기 때문이다. 새로운 생명이 태어나면 나무 한 그루 심는 것 역시 세계 공통의 문화였다. 나무와 숲은 생명과 우주, 영혼, 유대와 결속, 풍요를 상징한다. 세상에 존재하는 오래된 숲은 예외 없이 오래된 이야기를 품고 있다. 영화라는 서사 구조 안에 수많은 이야기와 상징성을 가진 숲이 등장하는 건 오히려 자연스러운 일일 것이다. 그 자체로도 아름다운 숲, 그 숲을 스크린에서 만나본다.

리틀 포레스트 - 특별할 것 없는 동네의 작은 숲
영화의 촬영지는 경북 군위군이다. 영화 속에 나오는 사계절 요리와 풍경은 보는 것만으로도 위로가 된다. '숲'보다는 '뒷산'이라고 부르면 딱 좋을 야트막한 산 밑 소박한 집과 논과 밭, 과수원, 작은 오솔길이 요란하고 거창하지 않게 화면을 채운다. 권위군은 팔공산 자락에 자리 잡은 전형적인 농촌으로, 온통 숲과 자연으로 둘러싸인 곳이다. <리틀 포레스트>를 촬영했던 집은 관광지로 오픈되어 있다.

군도 - 400년 가꾼 대나무숲
영화 <군도> 다른 장면도 기억에 남지만 무엇보다 주인공 하정우가 무술을 연마하던 부산 기장의 '아홉산숲'도 인상적이다. 드라마 <더킹>, 영화 <대호>, <협녀>, <달의 연인>도 이곳에서 촬영되었다. 담양 역시 대나무숲으로 유명하지만 아홉산숲의 대나무는 100년 전 중국에서 들여와 심은 '맹종죽'이 많다. 대나무 굵기가 아이 허벅지만큼 굵고 키가 커서 더욱 신비로운 느낌을 준다. 대나무 외에도 금강송, 편백나무 숲도 있다. 이미 부산의 핫플레이스라 주차하기가 쉽지 않다.

빨강머리앤 - 성장기를 함께 한 비밀의 숲
100년 넘게 전 세계 독자들의 사랑을 받은 캐나다 작가 루시 모드 몽고메리의 소설 <빨강머리앤>. 애니메이션과 영화 등으로 여러 차례 제작되었지만 2017년 넷플릭스에 공개된 <빨강머리앤>의 영상미가 단연 압도적이다. 캐나다 동부 해안의 프린스 에드워드섬의 목가적인 농촌 마을이 배경이다. 실제 촬영은 캐나다 온타리오에서 이뤄졌다고 한다.

레버넌트 - 눈 덮인 자작나무숲
디카프리오에게 아카데미상을 안긴 영화 <레버넌트>는 미국 서부개척 시대의 원시 자연이 그대로 담겨 있다. 설원과 얼음 아래로 흐르는 강물, 웅장한 숲과 겨울산…. 어쩌면 스토리보다 압도적인 자연 풍광에서 더 많은 감동을 얻은 듯도 싶다. 훼손되지 않은 원시림은 주로 캐나다 앨버타 지역에서 촬영되었다.

반지의 제왕 - 살아 있는 나무 요정들의 숲
대개의 숲이 수동적인 배경이라면, <반지의 제왕>에 등장하는 숲은 지혜를 지닌 오래된 생명체다. 숲의 정령인 엔트는 사루만이 전쟁을 준비하기 위해 숲을 망가뜨리자 급기야 거대한 뿌리를 땅에서 뽑아내어 응징에 나선다. 오래된 나무들이 기둥처럼 하늘을 떠받치고 있는 영화 속 '팡고른숲'은 뉴질랜드 퀸스타운 인근에서 촬영된 것이다. 물론 영화 속 숲은 컴퓨터 그래픽으로 만진 것이라 실제의 숲과는 다른 모습이다.

BOOK
비인간동물을 지구공동체로 이해하는 법

최근 반세기만 살펴보아도 전 세계에는 개체 수가 급감하며 생존 위협에 빠진 수많은 멸종위기 동물이 존재한다. 그러나 인간의 비인간동물들에 대한 무지와 무관심, 위해로 여전히 생태계가 위협받고 종이 사라지며, 이러한 상실이 가져올 미래의 불행에 대한 우리의 죄책감은 미미하다. 기후위기로 고통받는 생명들이 늘어가는 오늘날, 인간이 동물과 어떻게 관계 맺어야 할지 생각하게 해주는 책들을 소개한다.

유인원과의 산책

'영장류학자 삼인방' 제인 구달, 비루테 갈디카스, 다이앤 포시의 이야기를 다룬 전기는 침팬지, 고릴라, 오랑우탄과 더불어 산 그들의 삶과 연구 그리고 아프리카와 보루네오 우림에 대해 다각도로 소개하는 역작이다. 동물 연구의 패러다임을 바꾼 세 사람은 '유인원 여성'이라고도 불리는 과학자다. 이들은 각자 나름의 야생동물 연구 방식과 방침을 창조해냄으로써 그 누구도(특히 당시 남성 연구자들이) 성취하지 못했던 뛰어난 과학적 발견을 이뤄냈다. 한편으로, 그들 못지않은 열정가인 저자는 삼인방의 연구 업적뿐 아니라 동물들의 양육자이자 보호자, 동물 생존을 위해 싸운 운동가, 동물과의 교감을 인간에게 전달하고 교육하는 샤먼으로서의 삶을 조명하고자 끈질긴 취재 끝에 책을 집필했다. 인물별 파트 전개 대신 '연구자들', '과학자들', '여전사들'이라는 주제를 통해 각자의 삶을 조명하며 한데 엮은 구성은, 평전이 주는 공감과 이해를 넘어 그들의 작업을 비교, 대조해볼 수 있는 유익함까지 얻게 한다. 또한 대형 유인원과 세 연구자 이야기를 통해 인간과 동물의 새로운 관계 맺기, 세상의 선입견을 넘서 신념으로 행동하는 용기와 지혜를 깨닫게 해준다. 사이 몽고메리 지음 | 돌고래

소고기를 위한 변론

메탄가스와 목축으로 발생하는 환경문제의 중심에 육식이 있고, 그 때문에 소가 주범이라고 믿는 사람들의 인식 전환에 도움을 주는 책. 소가 기후변화의 주원인이라는 혐의가 본질을 흐리는 그릇된 주장이라는 확실한 답을 전달한다. 환경운동가인 저자는 환경단체의 수석 변호사로서 일하는 동안 소고기 산업을 고발하기 위해 수많은 축산농가를 방문하고 연구논문을 읽고, 전문가 인터뷰를 진행했다. 그러나 그 과정에서 오히려 소가 지구생태계와 어떻게 긴밀하게 상호작용하는지를 깨닫게 되며, 모든 자료와 연구 결과를 집대성해 '기소된 소를 변론하는' 책을 집필했다. 1부 '소와 지구'는 '고기를 먹지 않는 것이 과연 모든 환경문제의 합당한 해결책인가?'에 대한 반박의 주장을 담은 책의 핵심 부분이다. 기후변화, 물 부족과 오염, 사막화 등의 문제와 관련한 소의 혐의를 하나 하나 짚어 수치와 해석상의 오류를 지적한다. 2부 '소고기와 사람'에서는 건강문제와 관련한 공격에 반론하며, 3부에서는 육식 자체에 대한 윤리적, 철학적 검토와 함께 지속 가능한 축산업을 위한 해법을 제안한다. 저자가 비판하는 것은 육식에 대한 이른바 '윤리적 공격'을 가하는 사람과 소를 가둬 기르는 공장식 축산 방식이다. 만약 제대로 방목해 기르기만 한다면 오히려 환경에도, 인간의 건강에도 도움이 될 수 있음을 강조한다.
니콜렛 한 니먼 / 갈매나무

동물들의 위대한 법정

수리부엉이, 담비, 붉은제독나비에서 갯지렁이까지. 지구에서 사라져가는 10종의 동물 중 한 종만 목숨을 구할 수 있는 상황에서, 인간은 '우리가 보호해줄 한 종을 선택하겠다'며 재판을 연다. 원고는 '왜 우리가 그들의 생존을 위해 막대한 투자를 해야 하는가'를 묻고, 전 세계 시청자가 지켜보는 가운데 피고는 저마다 자기 종이 살아남아야 하는 이유를 설명한다. 배심원 판결과 온라인 투표로 인간이 구할 단 하나의 종은 과연 누구일까. 멸종위기 동물들의 운명을 결정할 재판을 그린 이 우화는 환경문제에 관심을 갖고 정치인의 위선을 유머러스하게 비판하는 저자가 쓴 풍자문학으로, 2021년 프랑스 베스트셀러로 뽑힌 바 있다. 각 피고의 거침없고 쾌활한 언변과, 때로 풍부한 과학 지식까지 동원된 변론으로 진행되는 공방전은 사실 1시간이면 독파 가능한 분량이다.

단지, 책을 통해 그들과 인간의 연결성, 멸종위기를 맞은 이유, 앞으로 닥칠 지구의 불행과 공생법을 생각하는 독자에게는 멸종 동물에 관한 어떤 책보다도 무게 있는 한 권이 될 것이다. 그들과의 좋은 공생이 인간의 지속과 맞닿아 있음을, 지구 공동생활자는 모두 연결되어 있음을 깨닫게 한다. 장 뢱 포르케 저 | 야체크 워즈니악 그림 | 서해문집

사계절 기억책

기후변화와 과도한 개발, 무분별한 소비로 우리도 모르는 사이 계절을 대표하는 동식물이 점차 사라져간다. 나비와 꿀벌이 날아다니는 봄과 가을 소풍을 기억하는 마지막 세대는 정말로 멀지 않은 걸까. 이 책은 그동안 글과 강연을 통해 기후변화와 생태, 에너지를 알려왔고 교양과학서를 다수 집필한 저자가 직접 그린 그림과 관찰기를 엮은 내용으로, 희미해지는 계절과 사라져가는 존재를 기억하기 위해 날마다 쓰고 그린 기록이다. 무심코 스쳐 지나온 이웃 같은 존재는 물론 쉽게 만날 수 없는 낯선 생명들과 멸종위기에 놓인 동식물까지. 산과 바다, 강과 하천, 갯벌과 습지 등 곳곳을 누비며 수많은 목숨붙이를 만난 저자는 그들의 생명력 넘치는 이야기를 직접 그린 100여 점의 세밀화와 함께 선보인다. 책은 계절 따라 만나는 생명들의 이야기로 따스함을 전할 뿐 아니라, 우리 모두의 중요 이슈인 기후위기에 대해서도 다시금 생각하게 한다. 돌아보니 어느새 자연과는 너무 먼 거리를 갖게 되고 마음마저 멀어져가는 우리가 지구를 위해 적극적으로 실천할 수 일이란 과연 무얼까. 쓰레기 제로도 좋지만, 자연으로 시선을 돌려 잊어가거나 혹은 잃어가는 생태계의 모습을 되돌아보고 그들의 보전에 더욱 관심 두는 것도 놓쳐선 안 될 일이다. 최원형 지음 / 블랙피쉬

DOCUMENTARY

바다를 전하는 환경 메시지

기후변화, 바다 쓰레기와 미세플라스틱의 위험, 생태계 파괴와 설상가상인 원전 오염수의 방류까지. 심각성을 따지자면 육지에 비할 바 없는 수준임에도, 우리가 바다를 바라보는 시선은 여전히 막연함과 무관심에 머문 듯하다. 파타고니아는 바다 생태계 보전 캠페인 'MPA(Marine Protected Area, 해양보호구역)'을 시작하면서 이 문제에 대한 메시지를 전했다. 바다의 문제가 어려운 이유는 바다 밑에서 일어나고 있는 일을 우리가 직접 볼 수 없기 때문이고, 그러니 우리의 생존에 얼마나 중요한 존재인지를 잊은 채 바다를 쓰레기 매립장처럼 생각하고 행동하는 것이라고 말이다. 단지, 아직까지 우리에겐 변화시킬 힘이 있으므로 알고, 관심 갖고, 질문을 시작할 때다. '우리가 지금 왜 이러고 있으며 왜 바꿀 수 없는가?' 그런 의미에서, 파타고니아 필름이 제작한 해양 환경 다큐멘터리 <Marine Life>는 바다에 대한 개개인의 관심을 깨우고 직접적인 행동을 찾아나서게 하는 출발점이 되어준다. 영상 시리즈는 세계 각국의 해양 생태계 현실과 훼손된 바다의 회복을 위해 헌신하는 사람들의 이야기를 담은 내용으로, 영상은 유튜브를 통해 누구나 감상할 수 있다.

The Custodians

네 명의 스코틀랜드 어부들이 물고기들을 보호하기 위해 해초 숲을 직접 가꾸어가는 이야기를 담았다. 지난 40년간의 불법적 저인망 어업과 남획으로 인해, 한때 물고기로 넘쳐났던 스코틀랜드의 서해안 바다는 생명이 없는 사막 같은 곳으로 변해버렸다. 영상은 스카이섬에서 바다를 되살리고 지속 가능한 어업을 확산하며, 바다와의 조화로운 삶을 추구하는 지역 주민의 행보를 보여준다.
스코틀랜드 | 바다의 사막화 | 약 5분

Hot Pink Dolphins

멸종위기종인 남방큰돌고래를 보호하기 위한 환경단체 '핫핑크돌핀스'의 유쾌하고 재미있는 활동을 담은 영상. 환경운동가 황현진과 오연아, 조약골 세 사람이 이끄는 핫핑크돌핀스는 2011년 한국 최초로 수족관 돌고래 해방운동을 시작했고, 방류된 돌고래와 그들이 돌아간 바다를 지키기 위해 서귀포에 제주돌핀센터를 세웠다. 제주에만 사는 남방큰돌고래를 위협하는 개발 프로젝트, 선박 관광에 맞서 싸울 용기를 주는 상징적 복장 '핫핑크 점프수트'를 입고, 가장 강력한 환경 운동은 진심에서 나온다는 것을 보여준다. "자연은 다양성을 사랑한다. 잘피나 남방큰돌고래와 같은 자연에는 놀라운 질서가 있고, 우리는 그 질서를 어지럽히지 않기 위해 최선을 다해야 한다. 예컨대 해저 생태계의 붕괴는 종종 수면 위까지 영향을 미친다. 마찬가지로 돌고래 같은 대형 포유류는 먹이사슬을 조절하는 데 중요한 역할을 한다."(제이크 세트니카, 파타고니아 아시아태평양 지사 환경 매니저)
한국 | 제주 남방큰돌고래 보호 | 약 5분 30초

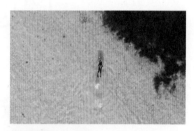

Madre Mar

포르투갈의 사도 강 하구 자연보호구역에서 거주하는 현지 주민들은 수백 년 동안 돌고래와 어류, 기타 해양생물과 공존해왔고 풍부한 해초 생태계를 지키며 생활해왔다. 그러나 이러한 노력에도 불구하고, 바다 바닥을 끄는 저인망 어업은 이 지역뿐 아니라 전 세계 해초 생태계의 거의 1/3을 파괴해왔다. 영상은 해양생물학자이자 포르투갈 비영리기관 오션 얼라이브(Ocean Alive)의 공동 창립자인 라켈 가스파르가 사도 해초 생태계를 보호하고 다시 성장시키는 여정에 참여하는 활동을 담았다. "대부분의 사람은 육지 숲이 탄소를 제일 많이 포집한다고 생각하지만, 사실 가장 큰 탄소 포집은 바다에서 이뤄집니다. 해초지는 바다 면적의 0.02%를 차지하지만 10%에 달하는 탄소를 포집합니다. 하지만 해초지가 파괴되면 그 모든 탄소는 바다로 배출됩니다."(라켈 가스파르)
포르투갈 | 사도 강 하구의 자연보호 | 약 12분

Jalpi

불행한 사고로 인생이 송두리째 뒤바뀐 지욱철 의장은 "무엇을 위해 살아야 하는가?"에 대해 자문한다. 그가 찾은 대답은 환경보호를 위한 직접 행동이다. 영상은 해양오염과 기후변화로 사라져가는 토종 해초 잘피를 되살리기 위한 한 개인의 이야기를 담았다. 과거 그의 집 앞 300만 평 정도의 바다가 잘피밭이었으나 산업화, 도시화, 어업화와 함께 많이 사라진 것이다. 잘피 숲은 150여종의 물고기가 산란하고 치어가

성장하는 해양 생태계의 기반이고 어민의 소득원과도 직결된 문제인 만큼 보호가 급선무였다. 그는 통영 전역에 있는 어촌계 회원들을 모집해 해변 청소와 잘피 심기, 침적 쓰레기 걷어내기 등의 활동을 거치며 '몸으로 배우게' 하고 누구나 수입을 가지게끔 이끌었다. 잘피밭을 습지보호구역으로 만들고자 어민들과 함께 해양수산부에 신청을 했고, 국가에서 제18호 해양 생태 보호구역으로 지정되었다. 탄소흡수원을 인정받는 잘피 숲의 복원은 온실가스 저감 효과와 바닷속 개체 수의 증가에 큰 도움이 된다. 그는 이제 다른 마을 주민들을 설득하며, 해양보호구역을 통한 마을의 긍정적 변화를 널리 알려간다. 한국 | 해양오염과 잘피 보전 | 약 7분

Corazón Salado

프로 서퍼인 라몬 나바로는 카웨스(Kawésqar) 원주민 커뮤니티가 칠레 파타고니아에서 조상 대대로 살아온 바다를 지키기 위한 여정에 함께한다. 파타고니아는 15년 전만 해도 남미에서 가장 청정한 지역이었지만, 연어 양식 산업이 점점 더 깊숙이 지역에 침투하면서 바다의 섬세한 생태계를 오염시키고 파괴하고 있다. 그뿐만 아니라 유목민 원주민 공동체는 외세의 지배로 그들의 터전과 전통을 잃어간다. 양식장으로 인해 물고기가 점점 사라지면서 주민들은 가족을 부양하기 위해 더 먼 바다로 나가야 한다. 나바로는 그들과 함께하며 연어 양식장의 피해를 알리고, 카웨스카 국립공원의 해양보호구역 필요성에 대해 배워간다. 그 과정에서 모두의 마음 속에 바다에 대한 사랑이 있음을 확인한다. 칠레 | 파타고니아 연어 양식 산업과 해양보호구역의 필요성 | 약 27분

VOL. 02
제로제로 캠페인

그림 정재인

기후생각매거진 제로제로를 읽으면서 앞으로의 지구를 생각하니 마음이 무거워집니다.

빙하는 이미 녹기 시작했고 그 속도는 매우 빨라졌죠. 생태계는 이미 파괴되고

땅이 오염되고 물은 부족합니다.

앞으로 우리 아이들에게 오염된 물을 물려줘야 한다고 생각하니 눈물이 났습니다.

기린, 사자, 코끼리…는 우리의 삶이자 우리의 아이들입니다.

HELP…

매일 하는 샤워

10분 이내로 하기

-

물을 아끼고

온수를 데우는 데 소모되는

에너지를 줄일 수 있다.

editorial

편집인 선유정

대편집자 정은영
에디터 김윤선
게스트 에디터 이아룸, 박현희

디자이너 이혜정
포토그래퍼 최창락, 김정안

교정교열 노은정

그림 정재인

인쇄 (주)상지사피앤비

발행일 2023년 11월 20일 통권 제2호
등록일 2023년 3월 30일

등록번호 용산 바00084
발행처 책책

문의 번호 편집 010. 2052. 7411 **FAX** 02. 6280. 9736

instagram @zerozero @chaegchaeg
e-mail chaegchaeg@naver.com

환경 콘텐츠 플랫폼 <제로제로>
제로제로는 무(zero)의 의미와 행위를 모두 담은 브랜드입니다.
환경문제에 대한 근본적인 물음, 왜 우린 이롭지 못한 것들을 소비하게 됐을까를 고민하고 해결하기 위한 집단입니다.
지구에 무해한 것, 선입견 없이 좋은 것들을 수집해 소개합니다.